Lothar-Rüdiger Lütge

Entscheidung für den Glauben

Die willentliche Rückkehr zu Gott als Rettung aus der Krise

Verlag: BoD • Books on Demand GmbH, In de Tarpen 42, 22848 Norderstedt
Druck: Libri Plureos GmbH, Friedensallee 273, 22763 Hamburg

ISBN: 978-3-7597-8506-0

„Nichts soll dich ängstigen, nichts dich erschrecken.
Alles geht vorüber. Gott allein bleibt derselbe.
Alles erreicht der Geduldige und wer Gott hat,
der hat alles. Gott allein genügt."

Theresa von Avila (1515 - 1582, Spanien)

Zum Geleit

Inmitten einer Welt, die vom Zerfall traditioneller Werte und wachsender Orientierungslosigkeit geprägt ist, steht die westliche Zivilisation am Scheideweg. "Entscheidung für den Glauben" stellt die provokante Frage: Kann der bewusste Glaube an einen personalen Gott die Rettung aus der aktuellen Krise sein?

Dieses Buch zeigt auf, wie der Verlust des Glaubens und der damit einhergehende Nihilismus unsere Gesellschaft ins Chaos stürzen. Es bietet klare, praktische Anleitungen und inspirierende Beispiele für diejenigen, die nach einem Ausweg suchen. Entdecken Sie, wie der Glaube nicht nur persönliche Erfüllung und Stabilität, sondern auch eine Rückkehr zu absoluten Werten und normativer Orientierung bieten kann.

Lassen Sie sich von den Geschichten von Menschen inspirieren, die ihren Glauben wiederentdeckt haben und dadurch tiefgreifende Veränderungen in ihrem Leben erfahren haben. "Entscheidung für den Glauben" ist nicht nur ein Buch, sondern ein Weckruf – für Sie, Ihre Familie und unsere Gesellschaft.

Inhalt

Die zentrale Botschaft

Dieses Buch soll folgende zentrale Botschaft vermitteln:

Gott ist der Schöpfer und der Herr der Welt und wir können uns dazu entscheiden dies anzuerkennen und dadurch uns selbst, unsere Gesellschaft und unsere Kultur retten.

Alle weiteren Ausführungen im Buch dienen dazu, diesen zentralen Gedanken ein wenig zu erläutern und im Kontext darzustellen. Dazu wurde eine strukturierte Form gewählt, in der viele verschiedene Aspekte des Themas übersichtlich präsentiert, von verschiedenen Seiten betrachtet und schließlich ausgearbeitet werden. Dies führt zu durchaus gewollten inhaltlichen Wiederholungen beim Umgang mit einzelnen Themen und Begriffen, um diese wie in einem Kaleidoskop aufzufächern und so möglichst umfassend und tiefgehend zu bearbeiten und zu erläutern. Dabei wird davon ausgegangen, dass der durchschnittliche Leser nur über wenig religiöses Wissen und kaum religiöse Erfahrung verfügt. Es handelt sich hier also nicht um ein bequemes ‚Lesebuch' im üblichen Sinne, sondern um eine systematische Argumentations- und Materialsammlung zur Unterstützung der zentralen

Botschaft, die wir wie folgt noch einmal etwas differenzierter formulieren können:

1. Der Glaube an Gott als Schöpfer und Erhalter der Welt ist der Ausweg aus unserer existenziellen gesellschaftlichen Krise.

2. Dieser Glaube steht uns allen offen, denn jeder Mensch kann sich jederzeit durch einen bewussten Willensakt dazu entscheiden an Gott zu glauben.

Dieses Buch soll also über ganz bestimmte Sachverhalte aufklären und so eine Art Entscheidungshilfe sein, aber es versteht sich nicht missionarisch! Im Gegenteil, niemand soll zu irgendetwas überredet oder animiert werden. Jeder entscheidet selbst und vollkommen eigenverantwortlich. Denn nur so funktioniert das mit dem bewussten und gewollten Glauben an Gott. Man muss wirklich glauben wollen! Freiwillig! Aus Einsicht und aus Überzeugung.

Und weil das Buch keinen missionarischen Anspruch hat, hat es noch weniger Anspruch eine bestimmte Glaubensrichtung zu propagieren. Es ist neutral, soweit es die Religionen und die Konfessionen betrifft. Eine wichtige Forderung gibt es allerdings, nämlich die, dass es sich bei dem Gott von dem hier die Rede ist, um den transzendenten Schöpfer und Erhalter der Welt handeln muss und dass dieser Gott als Person, als ein individuelles Wesen mit Bewußtsein und Willen anerkannt und verehrt wird. Denn nur dieser Gott erfüllt die unabdingbaren Voraussetzungen die für die Rettung von uns Menschen und für die Rettung unserer Welt unbedingt erforderlich sind. Alle anderen Gottesvorstellungen erfüllen diese Voraussetzungen ausdrücklich nicht, weil ihnen entweder die transzendente oder die personale Komponente fehlt. Das heißt konkret, alle pantheistische Gottesvorstellungen und alle Vorstellungen von einer unpersönlichen, anonymen göttlichen Kraft als einem ursächlichen oder immanenten Faktor der Schöpfung, reichen zur Lösung unserer akuten Sinn- und Seinskrise nicht aus. Wir brauchen Gott als unseren Gegenüber! Wir brauchen ihn als den Herrn der Welt, der uns Regeln und Vorgaben für unser Leben gegeben hat. Nur so können wir dem sich rapide ausbreitenden Nihilismus entgehen, der uns alle zu verschlingen droht.

Durch diese nicht verhandelbare Vorgabe beim Gottesbild wird die Anzahl der möglichen Religionen ganz von selbst rapide eingeschränkt. Es bleiben vor allem die drei monotheistischen Religionen: Judentum, Christentum und Islam, zur

Auswahl übrig, denn diese wenden sich an einen personalen Gott und sehen in ihm den Schöpfer und Erhalter der Welt. Und da sich dieses Buch insbesondere an die Menschen der akut am meisten bedrohten und gefährdeten, westlichen Welt, also der abendländischen Kultur wendet und diese Kultur in erster Linie auf der Grundlage des Christentums errichtet worden ist, liegt es nahe, dass im weiteren Verlauf insbesondere auf den christlich definierten Gott Bezug genommen wird. Und noch genauer gesagt, wird an vielen Stellen ganz spezifisch auf das römisch-katholische Christentum verwiesen, einfach weil der Autor sich persönlich in diesem Glauben am besten auskennt. Irgendwelche exklusiven Ansprüche werden damit nicht verbunden.

Als Vorwort zu den eigenen Ausführungen und zur plastischen Illustration der gegenwärtigen Krise in der sich Europa und die westliche Welt akut befindet, wird ein ausführliches Interview das der Historiker und Publizist David Engels am 26.07.2024 dem Sender Hoch2TV gegeben hat, inhaltlich zusammengefasst wiedergegeben. Es schließt sich ein Text an, mit welchem die zentralen Aussagen von David Engels zur Eröffnung der Olympischen Spiele 2024 in Paris ebenfalls verdichtet und zusammengefasst werden. Sein Originalbeitrag dazu ist am

27.07.2024 in der Zeitschrift Tichys Einblick erschienen. Die Texte werden nicht im Wortlaut zitiert bzw. im Original wiedergegeben, stattdessen wird der Inhalt in bearbeiteter und konzentrierter Form präsentiert um die jeweiligen zentralen Gedanken deutlich zu machen.

Dieses Buch ist im Rahmen einer ausführlichen, konstruktiven Kommunikation entstanden. Es gibt somit neben dem Autor weitere, nicht namentlich genannte Mitwirkende. Daher wird an verschiedenen Stellen im Text der Plural verwendet, wenn vom Urheber die Rede ist.

Die Lektüre dieses Buchs erfordert kein Vorwissen, da es aber weniger der amüsanten Unterhaltung sondern in erster Linie der Information und Reflektion recht ernster Themen dient, wird ein gewisses Maß an geduldiger Aufmerksamkeit vom Leser erwartet. Es geht hier schließlich um Alles! Denn entweder gelingt es dem Einzelnen und der Gesellschaft, durch eine Rückbesinnung auf die Quelle unseres Seins, auf Gott, wieder festen Grund zu erreichen und dem Nichts des Nihilismus, die Wahrheit Gottes entgegen zu setzen, dann ist Rettung in Sicht. Oder aber dies gelingt nicht, dann Gnade uns Gott, denn dann ist sowohl für den Einzelnen, als auch für die Gesellschaft und die gesamte Kultur alles verloren und wird im dystopischen Chaos des Nicht-Seins versinken.

Vorwort zur aktuellen Lage

Die Krise des Abendlandes – Eine Übersicht der Thesen von Prof. Dr. David Engels

In den letzten Jahrzehnten erleben wir einen tiefgreifenden Wandel in unserer Gesellschaft, der sich durch den Verlust traditioneller Werte und die Auflösung kultureller Identitäten auszeichnet. Diese Entwicklungen haben zu einer Sinnkrise geführt, die sowohl Einzelpersonen als auch ganze Gemeinschaften betrifft. Prof. Dr. David Engels, ein angesehener Historiker und Kulturphilosoph, hat in seinen Arbeiten und Analysen eindringlich auf diese Problematik hingewiesen. Seine Thesen bieten wertvolle Einblicke und bilden eine wichtige Grundlage für die Argumentation dieses Buches.

Die Analyse von Prof. Dr. David Engels in zehn Punkten

Kulturzyklus-Theorie: Engels sieht unsere abendländische Zivilisation im Spätstadium, vergleichbar mit der späten römischen Republik. Diese Phase ist durch Dekadenz, moralischen Zerfall und politische Instabilität gekennzeichnet, was auf eine bevorstehende konfliktreiche Zeit hindeutet. Er warnt davor, dass wir uns in einer ähnlichen Situation wie das historische Rom befinden und dass ein Umdenken notwendig ist, um den völligen Zusammenbruch zu verhindern.

Vergleichende Geschichtsanalyse: Das Studium vergangener Zivilisationen zeigt Parallelen zu unserer Zeit, wie Masseneinwanderung, demographischen Niedergang und den Zerfall traditioneller Familienstrukturen. Engels betont, dass diese historischen Parallelen uns helfen können, die gegenwärtige Krise zu verstehen und geeignete Maßnahmen zu ergreifen, um ähnliche Fehler zu vermeiden.

Technokratische Eliten: Engels kritisiert die technokratischen Eliten in Europa als undemokratisch und ideologisch anti-abendländisch. Diese Eliten verfolgen seiner Ansicht nach eigene Interessen und fördern eine globale Agenda, die die kulturellen und nationalen Identitäten untergräbt. Engels fordert eine Rückbesinnung auf die demokratischen Prinzipien und eine stärkere Einbindung der Bevölkerung in politische Entscheidungsprozesse.

Identitätsverlust und Universalismus: Die EU wird als Versuch kritisiert, einen universalistischen Staat zu etablieren, der die abendländische Identität vernachlässigt. Engels argumentiert, dass dieser Universalismus zu einem Verlust der kulturellen

Vielfalt und einer Entwurzelung der Menschen führt. Er plädiert für einen "abendländischen Patriotismus", der die kulturelle Identität und die traditionellen Werte Europas bewahrt.

Rückkehr zur Tradition: Engels plädiert für eine bewusste und rationale Rückkehr zu traditionellen Werten und zur Transzendenz, um den Zerfall der Zivilisation aufzuhalten. Er sieht in der Wiederbelebung religiöser und kultureller Traditionen einen Schlüssel zur Stabilisierung der Gesellschaft und zur Schaffung eines neuen Gemeinschaftsgefühls.

Erosion der Traditionen: Der bewusste Abbau von Traditionen führt laut Engels zu kultureller Desorientierung und Nihilismus. Er beschreibt, wie die Zerstörung traditioneller Institutionen wie Familie, Religion und Gemeinschaft zu einem Verlust von Sinn und Orientierung führt. Dieser Punkt korrespondiert stark mit unseren Ausführungen im ersten Kapitel, in dem wir den Zerfall von Werten und Normen sowie die Auflösung von Familienstrukturen beschrieben haben.

Rolle der EU: Während Engels die europäische Zusammenarbeit grundsätzlich unterstützt, kritisiert er die aktuelle Umsetzung und die dahinterstehende Ideologie. Er fordert eine stärkere Fokussierung auf die Verteidigung der abendländischen Werte und Interessen und warnt vor den Gefahren eines übermäßigen Zentralismus.

Historische Parallelen: Engels sieht wiederkehrende Muster in der Geschichte, bei denen Zivilisationen durch Phasen der Transzendenz und Immanenz gehen. Er erwartet eine ähnliche Entwicklung für das Abendland, wobei die gegenwärtige Phase der Immanenz durch eine Rückkehr zur Transzendenz überwunden werden kann. Diese Ansicht unterstützt unsere Argumentation im zweiten Kapitel, in dem wir die Notwendigkeit eines transzendenten Fixpunkts erläutert haben.

Ambivalenz der Restauration: Eine Rückkehr zu traditionellen Werten ist nicht die ideale Lösung, aber eine notwendige Antwort auf den Zerfall. Engels erkennt die Ambivalenz dieser Restauration an, betont jedoch, dass sie eine Alternative zum gegenwärtigen kulturellen und moralischen Verfall bietet.

Kritik am modernen Populismus: Engels erkennt die Richtigkeit vieler Diagnosen des modernen Populismus an, kritisiert jedoch die unrealistischen Lösungsvorschläge. Er plädiert für realistische und durchführbare Ansätze, um die gegenwärtige Krise zu bewältigen und die Gesellschaft zu erneuern.

Die Eröffnung der Olympischen Spiele 2024 – Ein Beispiel für den Zivilisationszerfall:

Prof. Dr. David Engels beschreibt die Eröffnung der Olympischen Spiele 2024 in Paris als Symbol für den kulturellen Zerfall Europas. Die Veranstaltung war geprägt von blasphemischen und grotesken Darstellungen, die die Dekadenz und die Ästhetik eines an seiner eigenen Perversität erstickenden Roms widerspiegeln. Schon die Werbung für die Olympischen Spiele, die Paris ohne seine Kirchenkuppeln und Kreuze zeigte, deutete auf eine bewusste Entfernung religiöser Symbole hin. Die Sicherheitsmaßnahmen, die Millionen von Menschen aus der Stadt ausschlossen und ganze Stadtbezirke abriegelten, um Attentate zu verhindern, verstärkten den Eindruck eines übergriffigen und kontrollierenden Staates.

Die künstlerische Gestaltung der Eröffnungsfeier war voller geschmackloser und kontroverser Elemente. So führte die millionenschwer bezahlte Interpretation von Beethovens „Ode an die Freude" durch Arielle Dombasle zu einem ersten großen Medienflop, geprägt von peinlicher Choreographie und lächerlicher Gestik. An mehreren Stellen Frankreichs wurden die Zuglinien nach Paris durch wahrscheinlich linksradikale „Aktivisten" gekappt, was

23

zu erheblichen logistischen Problemen führte. Ein weiteres peinliches Missgeschick war die falschherum gehisste olympische Fahne, die für Engels symbolisch für die allgemeine Inkompetenz der französischen Regierung steht.

Die eigentliche Eröffnungsfeier wurde durch eine postmoderne Ästhetik dominiert, die Engels als „Debakel" bezeichnet. Eine feministische Ahnengalerie, erotisch gehauchte Marseilleisen und schwimmende Müllhaufen waren nur einige der bizarren Elemente. Höhepunkt der Geschmacklosigkeiten war eine blasphemische Nachstellung des letzten Abendmahls und die Präsentation eines dicklichen, blaugefärbten Dionysos. Engels sieht in dieser Veranstaltung ein Symbol für den „Fin de règne" und den kulturellen Zerfall des Abendlandes, das sich selbst ad absurdum führt.

Schlussfolgerung:
Die Thesen und Beobachtungen von Prof. Dr. David Engels unterstreichen die Notwendigkeit einer Rückkehr zu traditionellen Werten und einer bewussten Neuausrichtung auf transzendente Prinzipien. Sie bieten eine fundierte Grundlage für die Argumentation dieses Buches und verdeutlichen, warum ein bewusster Glaubensakt an einen personalen Gott eine rationale und notwendige Antwort

auf die gegenwärtige Krise darstellt. Dies korrespondiert mit unseren Ausführungen im zweiten Kapitel, wo wir den Glauben als bewusste und rationale Entscheidung darstellen, die uns aus dem moralischen und kulturellen Niedergang herausführen
kann.

Einführung

Inmitten einer Welt, die von Chaos, Sinnlosigkeit und Orientierungslosigkeit geprägt ist, möchten wir Ihnen mit diesem Buch einen Ausweg zeigen. Vielleicht fühlen Sie sich oft verloren in einer Gesellschaft, die ihre traditionellen Werte und Normen aufgegeben hat. Vielleicht spüren Sie die Auswirkungen einer Kultur, die keine klaren Richtlinien mehr bietet und in der alles relativ erscheint. Dieses Buch möchte Ihnen eine neue Perspektive aufzeigen – einen Weg zurück zu Stabilität, Sinn und Orientierung.

Wir leben in einer Zeit, in der viele von uns das Gefühl haben, dass unsere Kultur und Gesellschaft in eine Krise geraten sind. Familien zerbrechen, Gemeinschaften lösen sich auf, und viele Menschen fühlen sich isoliert und ohne echte Bindungen. Selbstsucht und Selbstzentriertheit dominieren das soziale Leben, während Höflichkeit, Disziplin und gegenseitiger Respekt immer seltener werden. In diesem Buch möchten wir untersuchen, warum dies so ist und wie wir einen Ausweg finden können.

Unsere Antwort liegt im Glauben an einen personalen Gott. Vielleicht ist dieser Begriff für Sie neu oder fremd. Ein personaler Gott ist ein transzendentes Wesen, das jenseits von Raum und Zeit existiert und das Universum, die Welt und uns Menschen erschaffen hat. Dieser Gott ist nicht nur eine abstrakte Idee, sondern ein bewusster Schöpfer, der uns Regeln gegeben hat, nach denen wir leben sollen, und vor dem wir uns nach unserem physischen Tod verantworten müssen.

Rationale Überlegungen zum Glauben an Gott:

Es ist verständlich, dass in unserer modernen und postmodernen Welt der Glaube an einen personalen Gott oft als naiv oder irrational angesehen wird. Doch es gibt gute Gründe, die zeigen, dass dieser Glaube durchaus rational und sinnvoll sein kann. Viele materialistische und biologistisch-evolutionäre Welterklärungsmodelle stoßen auf erhebliche mathematische Schwierigkeiten. Die Zeitspanne seit dem Urknall reicht beispielsweise nicht aus, um die komplexe Entwicklung des Lebens und des Bewusstseins allein durch zufällige Prozesse zu erklären. Die mathematische Wahrscheinlichkeit, dass unsere Existenz das Ergebnis reiner Zufälle ist, ist äußerst gering. Dies beweist im engeren Sinne natürlich nichts, zeigt jedoch, dass auch die Grundlagen des modernen und postmodernen Denkens nicht unantastbar sind und oft auf unbewiesenen Annahmen beruhen.

Deshalb ist der bewusste Glaube an Gott mindestens ebenso rational wie der Nihilismus, dem viele Menschen in unserer Gesellschaft anhängen. Dieser Glaube bietet nicht nur eine tiefere Sinnhaftigkeit, sondern auch eine stabilere Grundlage für moralische und ethische Werte. Wenn Sie sich für diesen Glauben entscheiden, treffen Sie eine wohlüberlegte und fundierte Entscheidung, die Ihr Leben bereichern und ihm eine neue Richtung geben kann.

Warum dieses Buch geschrieben wurde:

Die westlichen Gesellschaften befinden sich in einem Zustand tiefgreifender Dysfunktionalität. Der nahezu absolute und bedingungslose Liberalismus, der alles erlaubt und für jeden alles möglich macht, hat die traditionellen Sitten und Normen weitgehend ausgehebelt. Die Folgen sind weitreichend und tiefgreifend. Familien zerbrechen, Ehen scheitern, und das soziale Gefüge löst sich auf. An die Stelle stabiler Gemeinschaften treten lose, temporäre Verbindungen, die keine echte Bindung oder Verantwortung erzeugen.

Dieser Zerfall erstreckt sich auch auf Länder und Staaten. Ethnische und kulturelle Identitäten verwässern in dysfunktionalen multikulturellen Strukturen, die aus zufällig zusammengewürfelten Menschen mit unterschiedlichen kulturellen Wurzeln bestehen. Dies führt zu einem allgemeinen Verlust von Heimatgefühl und Zusammengehörigkeit, und die Vereinzelung nimmt immer weiter zu.

Begleitet wird dieser kulturelle Zerfall von einem dramatischen Niedergang der Bildung und Kultur, von Stil und Sitte, von Ehre und angemessenem Verhalten. Eine allgemeine Verrohung breitet sich aus. Kleidung, Aussehen, Verhalten und Umgangsformen haben ein erschreckend niedriges Niveau erreicht. Höflichkeit, Ordnung, Stil, Disziplin und Angemessenheit sind zu Fremdwörtern geworden, die in unserer Gesellschaft kaum noch verstanden oder geschätzt werden. Sinn und Ziel des Lebens sind aus dem Bewusstsein vieler Menschen verschwunden und wurden durch das Streben nach unmittelbarer Lustbefriedigung ersetzt. Es gibt keine objektiven Werte mehr, alles ist relativ. Das öffentliche Leben bricht zunehmend zusammen, und niemand fühlt sich mehr für irgendetwas verantwortlich. Auch im geschäftlichen und wirtschaftlichen Bereich herrscht diese Verantwortungslosigkeit. Gleichzeitig erleben wir einen immer übergriffigeren Staat, dessen Vertreter sich wie absolute Herrscher aufführen und keine Kritik mehr dulden.

Inmitten dieses kulturellen und moralischen Verfalls wird deutlich, dass die Lösung nicht innerhalb des bestehenden Systems gefunden werden kann. Eine solche Lösung muss von außen kommen, von einer transzendenten Quelle, die uns wieder Orientierung und Stabilität geben kann. Der bewusste Entschluss zum Glauben an einen personalen Gott, der uns transzendente Werte und Normen vorgibt, ist der Schlüssel zur Überwindung dieser Krise. Dieser Glaube ist kein blinder Akt, sondern eine rationale Entscheidung, die auf der Erkenntnis beruht, dass wir ohne diese transzendente Grundlage in den Nihilismus und die Bedeutungslosigkeit abgleiten.

Traditionelle Religionen, insbesondere das Christentum, bieten uns dieses Wissen und diese Orientierung. Sie enthalten wertvolle Lehren und Prinzipien, die uns helfen können, unser Leben und unsere Gesellschaft wieder auf eine stabile und sinnvolle Grundlage zu stellen. Dieses Buch zeigt, wie wir durch den bewussten Glaubensakt diese transzendenten Werte wieder in unser Leben integrieren können. Es bietet praktische Anleitungen, wie der Einzelne, Familien und Gemeinschaften diesen

Glauben leben und dadurch eine neue Ordnung und Sinnhaftigkeit erreichen können.

Lassen Sie uns gemeinsam diesen Weg gehen und entdecken, wie der bewusste Entschluss zum Glauben unser Leben verändern und unsere Gesellschaft heilen kann.

Kapitel 1: Die Krise der Moderne

1.1 Einführung in die Krise

Unsere moderne Gesellschaft befindet sich in einer tiefgreifenden Krise, die sich auf vielen Ebenen manifestiert. Die traditionellen Werte und Normen, die einst das Fundament unserer Kultur und Gemeinschaften bildeten, sind dabei zu zerfallen. Diese Krise ist nicht nur auf ein einziges Problem zurückzuführen, sondern ist das Ergebnis einer komplexen Wechselwirkung vieler Faktoren, die zusammen eine beispiellose Herausforderung darstellen.

Zerfall traditioneller Werte und Normen

In der Vergangenheit waren Werte und Normen wie Ehre, Respekt, Disziplin und Verantwortungsbewusstsein zentraler Bestandteil des gesellschaftlichen Lebens. Diese Werte boten Orientierung und halfen, ein Gefühl der Gemeinschaft und des Zusammenhalts zu fördern. Heute jedoch sehen wir, dass diese traditionellen Werte zunehmend erodieren. Relativismus und eine Kultur der Beliebigkeit haben die Oberhand gewonnen. Es gibt kaum noch klare Maßstäbe, an denen sich das individuelle und kollektive Verhalten ausrichten kann. Der Begriff der Moral scheint antiquiert, und das Streben nach sofortiger Befriedigung und persönlicher Freiheit ohne Rücksicht auf andere hat an Bedeutung gewonnen.

Auflösung von Familien und Gemeinschaften

Ein besonders alarmierender Aspekt dieser Krise ist die Auflösung von Familien und Gemeinschaften. Familienstrukturen, die einst als Grundpfeiler der Gesellschaft galten, zerfallen. Scheidungsraten sind hoch, und immer mehr Kinder wachsen in zerrütteten oder alleinerziehenden Haushalten auf. Die traditionelle Rolle der Familie als Ort der Stabilität und Wertevermittlung wird zunehmend in Frage gestellt. Gleichzeitig erleben wir die Erosion von Gemeinschaften. Orte, an denen Menschen sich gegenseitig unterstützen und zusammenkommen, sind auf dem Rückzug. Die Vereinsamung nimmt zu, und viele Menschen fühlen sich isoliert und ohne echte Bindungen.

Dominanz von Selbstsucht und Selbstzentriertheit

Diese gesellschaftlichen Veränderungen gehen Hand in Hand mit einer zunehmenden Dominanz von Selbstsucht und Selbstzentriertheit. In einer Kultur, die Individualismus und persönliche Freiheit über alles stellt, werden altruistische Werte und das Gemeinwohl oft vernachlässigt. Die Menschen sind mehr darauf bedacht, ihre eigenen Bedürfnisse und Wünsche zu erfüllen, als Verantwortung für ihre Mitmenschen zu übernehmen. Dies führt zu einer Fragmentierung der Gesellschaft und einem Mangel an sozialem Zusammenhalt.

Verfall von Ästhetik, Anstand, Würde und Stil

Der Verfall der Gesellschaft zeigt sich auch im Zerfall von Ästhetik, Anstand, Würde und Stil in allen Lebens- und Seinsbereichen. Alles wird vulgär und geschmacklos. Kleidung, Kunst, Architektur und Unterhaltung sind zunehmend von Beliebigkeit und Oberflächlichkeit geprägt. Die Gesellschaft verwahrlost und verliert ihren Sinn für Schönheit und Eleganz. Anstand und Höflichkeit sind selten geworden, und das respektvolle Miteinander wird durch grobe und egoistische Verhaltensweisen ersetzt. Die Würde des Einzelnen wird oft missachtet, und es herrscht eine allgemeine Respektlosigkeit gegenüber anderen.

Allgemeine Beliebigkeit und Nivellierung aller Werte

Es herrscht eine allgemeine Beliebigkeit, bei der alles egal zu sein scheint und nichts mehr Konsequenzen hat. Die Menschen leben, als gäbe es keine übergeordneten Ziele oder Zwecke. Es gibt keine klaren Leitlinien mehr, die Orientierung bieten könnten. Identitäten zerfließen, und es entsteht ein Einheitsbrei von Meinungen und Kulturen, in dem individuelle und kulturelle Unterschiede verwischt werden. Der Verlust von Heimatgefühl und Zusammengehörigkeit führt zu einer zunehmenden Entfremdung und Vereinzelung.

Verlust von übergeordnetem Sinn, Zweck und Ziel

Der übergeordnete Sinn, Zweck und Ziel des Lebens fehlen vollständig. Viele Menschen haben keine klare Vorstellung mehr davon, warum sie leben und wofür sie sich einsetzen sollen. Das Streben nach persönlicher Lustbefriedigung hat das Streben nach tieferer Sinnhaftigkeit verdrängt. Es gibt keine objektiven Werte mehr, alles ist relativ und abhängig von individuellen Vorlieben und Meinungen. Das öffentliche Leben bricht zunehmend zusammen, und niemand fühlt sich mehr für irgendetwas verantwortlich. Auch im geschäftlichen und wirtschaftlichen Bereich herrscht diese Verantwortungslosigkeit. Gleichzeitig erleben wir einen immer übergriffigeren Staat, dessen Vertreter sich wie absolute Herrscher aufführen und keine Kritik mehr dulden.

Diese tiefgreifende Krise zeigt, dass die Lösung nicht innerhalb des bestehenden Systems gefunden werden kann. Eine solche Lösung muss von außen kommen, von einer transzendenten Quelle, die uns wieder Orientierung und Stabilität geben kann.

1.2 Ursachen der Krise

Die gegenwärtige Krise unserer Gesellschaft hat tief verwurzelte Ursachen, die sich in zwei Hauptströmungen manifestieren: liberaler Individualismus und Relativismus. Diese beiden Denkrichtungen haben maßgeblich dazu beigetragen, die traditionellen Werte und Normen zu untergraben, die einst das Fundament unserer Kultur bildeten.

Liberaler Individualismus

Der liberale Individualismus ist eine Denkweise, die persönliche Freiheit und individuelle Selbstverwirklichung über alles stellt. In ihrer extremen Form propagiert sie das Credo, dass jeder tun und lassen kann, was er will, solange er nicht direkt die Freiheit eines anderen einschränkt. Diese Vorstellung hat in den letzten Jahrzehnten erheblichen Einfluss auf gesellschaftliche Sitten und Normen genommen.

In einer Gesellschaft, die individuelle Freiheit über alles stellt, werden traditionelle Werte wie Disziplin, Verantwortungsbewusstsein und Rücksichtnahme zunehmend als einschränkend empfunden. Die Betonung des persönlichen Wohls und der eigenen Zufriedenheit führt zu einer Fragmentierung der Gesellschaft. Jeder strebt nach seinen eigenen Zielen, ohne Rücksicht auf die Bedürfnisse und das Wohl der Gemeinschaft.

Diese Entwicklung hat erhebliche Auswirkungen auf die gesellschaftlichen Sitten und Normen. Regeln und Verhaltensweisen, die früher als selbstverständlich galten, werden nun als Einschränkungen der persönlichen Freiheit angesehen. Das Resultat ist eine Gesellschaft, in der alles erlaubt zu sein scheint und in der moralische Orientierungspunkte verloren gegangen sind. Anstand, Höflichkeit und gegenseitiger Respekt werden oft als überholte Konzepte betrachtet, die der persönlichen Entfaltung im Weg stehen.

In der Realität führt dies zu einer Kultur, in der das Streben nach sofortiger Befriedigung und persönlicher Freiheit ohne Rücksicht auf andere an Bedeutung gewinnt. Das kollektive Wohl wird oft vernachlässigt, und die sozialen Bindungen, die Gemeinschaften zusammenhalten, schwinden. Der liberale

Individualismus fördert eine Haltung, in der der Einzelne im Mittelpunkt steht, was zu einer zunehmenden Isolation und Entfremdung führt.

Relativismus

Der Relativismus ist eine weitere wichtige Ursache der gegenwärtigen Krise. Diese philosophische Strömung leugnet die Existenz objektiver, universeller Werte und Maßstäbe. Stattdessen wird behauptet, dass alle Werte und Normen relativ sind und von individuellen oder kulturellen Präferenzen abhängen.

Der Verlust von objektiven Werten hat weitreichende Konsequenzen für die Gesellschaft. Wenn alles relativ ist und keine universellen Maßstäbe mehr existieren, verliert die Gesellschaft ihre moralische Orientierung. Es gibt keine allgemein gültigen Regeln mehr, an denen sich das Verhalten der Menschen ausrichten kann. Jeder entscheidet selbst, was richtig und falsch ist, was zu einem moralischen Chaos führt.

Der Relativismus fördert eine Kultur der Beliebigkeit, in der alles gleichwertig ist und nichts als besser oder schlechter angesehen wird. Dies führt zu einer Nivellierung aller Werte, bei der keine Idee oder Überzeugung als überlegen betrachtet wird. In einer solchen Gesellschaft ist es schwierig, gemeinsame Ziele und Werte zu finden, die die Menschen verbinden und ihnen Orientierung bieten.

Die Idee, dass alles relativ ist, untergräbt auch das Vertrauen in traditionelle Institutionen und Autoritäten. Wenn es keine objektiven Wahrheiten gibt, verlieren Religion, Wissenschaft und andere Wissenssysteme ihre Autorität. Dies führt zu einer allgemeinen Skepsis und einem Misstrauen gegenüber etablierten Strukturen, was die gesellschaftliche Stabilität weiter untergräbt.

Innerhalb eines Systems, das von Liberalismus und Relativismus geprägt ist, stehen uns lediglich relative Werte zur Verfügung. Diese Werte sind jedoch nicht ausreichend, um uns aus der tiefen Krise zu befreien, in der wir uns befinden. Wir können uns nicht wie Münchhausen am eigenen Schopf aus dem Sumpf ziehen. Um einen festen Halt zu finden, brauchen wir einen Fixpunkt außerhalb unseres maroden Systems. Dieser Fixpunkt liegt in der Transzendenz, bei Gott. Nur ein transzendenter, personaler Gott kann uns die Orientierung und Stabilität bieten, die notwendig sind, um die gegenwärtige Krise zu überwinden.

1.3 Auswirkungen der Krise

Die tiefgreifende Krise unserer Gesellschaft hat vielfältige und weitreichende Auswirkungen auf das Individuum, die Gemeinschaft und die gesamte Kultur. Diese Auswirkungen sind spürbar in den alltäglichen Erfahrungen und Lebensrealitäten der Menschen und betreffen grundlegende Aspekte des menschlichen Zusammenlebens und der persönlichen Entwicklung.

Auf das Individuum

Isolation und fehlende Bindungen: In der modernen Gesellschaft fühlen sich viele Menschen zunehmend isoliert und ohne echte Bindungen. Die traditionellen sozialen Strukturen, die einst Gemeinschaft und Unterstützung boten, zerfallen. Familien, die früher als zentrale Orte des Zusammenhalts und der Geborgenheit dienten, sind oft zerrüttet oder bestehen nicht mehr in ihrer traditionellen Form. Das Ergebnis ist eine weit verbreitete Einsamkeit. Viele Menschen leben allein, ohne regelmäßigen Kontakt zu Familienmitgliedern oder Freunden. Die virtuelle Kommunikation über soziale Medien kann diese Isolation oft nicht ausgleichen und führt vielmehr zu oberflächlichen

Beziehungen, die keine tiefen emotionalen Bindungen bieten.

Verlust von Sinn und Ziel im Leben: Der Verlust traditioneller Werte und der zunehmende Relativismus haben dazu geführt, dass viele Menschen keinen klaren Sinn und kein Ziel mehr in ihrem Leben sehen. Ohne feste moralische und ethische Orientierungspunkte fühlen sich viele verloren und desillusioniert. Das Streben nach sofortiger Befriedigung und materiellem Erfolg hat spirituelle und existenzielle Fragen in den Hintergrund gedrängt. Menschen suchen nach Bedeutung und Erfüllung, finden jedoch oft nur vorübergehende Zufriedenheit in Konsum und oberflächlichen Vergnügungen. Der innere Antrieb, etwas Größeres und Bedeutsameres zu erreichen, schwindet, und viele Menschen erleben eine tiefgehende Sinnkrise.

Auf die Gesellschaft

Zerfall von Gemeinschaften: Der Zerfall traditioneller sozialer Strukturen hat weitreichende Auswirkungen auf die Gesellschaft als Ganzes. Gemeinschaften, die früher durch gemeinsame Werte und Ziele zusammengehalten wurden, zerfallen. Die soziale Kohäsion nimmt ab, und das Gefühl der Zusammengehörigkeit schwindet. An die Stelle stabiler Gemeinschaften treten lose, temporäre Verbindungen, die keine echte Bindung oder Verantwortung erzeugen. Dies führt zu einer Fragmentierung der Gesellschaft, in der Einzelinteressen über das Gemeinwohl gestellt werden. Der soziale Zusammenhalt, der notwendig ist, um gemeinsame Herausforderungen zu bewältigen und ein funktionierendes Gemeinwesen aufrechtzuerhalten, wird zunehmend geschwächt.

Ethnische und kulturelle Identitätskrisen: In einer zunehmend globalisierten und multikulturellen Welt erleben viele Menschen eine Krise ihrer ethnischen und kulturellen Identität. Die traditionellen kulturellen Wurzeln, die einst Identität und Zugehörigkeit stifteten, werden oft verwässert oder gehen verloren. Dies führt zu einer Identitätskrise, in der Menschen Schwierigkeiten haben, ihren Platz in der Gesellschaft zu finden. Die Vielfalt der Kulturen, die ursprünglich als Bereicherung gesehen wurde, wird oft als Bedrohung wahrgenommen, und es entstehen Konflikte zwischen verschiedenen ethnischen und kulturellen Gruppen. Die Suche nach Identität und Zugehörigkeit wird zu einer Herausforderung in einer Welt, die sich ständig verändert und in der traditionelle Orientierungspunkte verschwinden.

Auf Bildung und Kultur

Verfall von Bildung, Stil und Sitte: Die Krise hat auch tiefgreifende Auswirkungen auf das Bildungssystem und die kulturellen Standards. Bildung, die einst als Weg zu persönlicher und gesellschaftlicher Verbesserung betrachtet wurde, verliert an Bedeutung. Das Niveau der Bildung sinkt, und grundlegende Kenntnisse und Fähigkeiten gehen verloren. Dies zeigt sich nicht nur in den formalen Bildungseinrichtungen, sondern auch im allgemeinen kulturellen Leben. Stil, Sitte und gute Umgangsformen, die einst als Zeichen von Bildung und kulturellem Erbe galten, werden vernachlässigt. An ihre Stelle treten Vulgärsprache, Respektlosigkeit und ein allgemeiner Mangel an Höflichkeit.

Allgemeine Verrohung und Abnahme des Niveaus in Verhalten und Umgangsformen: Die Verrohung der Gesellschaft manifestiert sich in einer allgemeinen Abnahme des Niveaus in Verhalten und Umgangsformen. Öffentliche Debatten und persönliche Interaktionen sind zunehmend von Aggression, Respektlosigkeit und Intoleranz geprägt. Die Fähigkeit, zivilisiert und respektvoll miteinander umzugehen, geht verloren. Dies zeigt sich in allen Bereichen des öffentlichen und privaten Lebens – von politischen Diskussionen über soziale Medien bis hin zu alltäglichen Begegnungen im öffentlichen Raum. Die Abnahme des Niveaus in Verhalten und Umgangsformen trägt zur allgemeinen Verschlechterung des sozialen Klimas bei und erschwert den Aufbau einer solidarischen und harmonischen Gesellschaft.

Die Auswirkungen dieser Krise sind allgegenwärtig und betreffen jeden Aspekt des menschlichen Lebens. Ohne eine grundlegende Veränderung der Werte und Normen, die unsere Gesellschaft prägen, wird diese Krise weiterhin tiefer werden und unsere Fähigkeit, als Gemeinschaft zu funktionieren, weiter untergraben.

1.4 Beispiele und Illustrationen

Um die Auswirkungen der gegenwärtigen Krise unserer Gesellschaft greifbarer zu machen, ist es wichtig, konkrete Beispiele aus dem täglichen Leben und unterstützende Statistiken und Studien zu betrachten. Diese veranschaulichen, wie tiefgreifend die Veränderungen und Probleme sind.

Konkrete Beispiele aus der heutigen Gesellschaft

Beispiele für den Zerfall von Familienstrukturen:

Ein deutliches Beispiel für den Zerfall traditioneller Familienstrukturen ist die hohe Scheidungsrate. In vielen westlichen Ländern endet fast jede zweite Ehe in einer Scheidung. Dies hat weitreichende Konsequenzen für die betroffenen Familien, insbesondere für die Kinder. Studien zeigen, dass Kinder aus zerrütteten Familien häufiger unter emotionalen und psychischen Problemen leiden, schlechtere schulische Leistungen erbringen und größere Schwierigkeiten haben, stabile Beziehungen aufzubauen. Alleinerziehende Elternteile stehen oft vor enormen Herausforderungen, sowohl finanziell als auch emotional, was die familiäre Stabilität weiter beeinträchtigt.

Ein weiteres Beispiel ist die zunehmende Zahl an Kindern, die in Patchwork-Familien oder bei wechselnden Partnern der Eltern aufwachsen. Die Stabilität und Kontinuität, die einst als selbstverständlich galten, sind für viele Kinder nicht mehr gegeben. Dies führt zu einem Gefühl der Unsicherheit und Orientierungslosigkeit, da feste Bezugspunkte fehlen.

Illustrationen für die allgemeine Verrohung und den Verlust von Höflichkeit und Disziplin:

Im öffentlichen Raum ist der Verlust von Höflichkeit und Disziplin deutlich zu beobachten. Öffentliche Verkehrsmittel, Einkaufszentren und Straßen sind Schauplätze von aggressivem Verhalten und mangelndem Respekt. Menschen drängeln sich vor, beschimpfen einander und zeigen wenig Rücksicht auf ihre Mitmenschen. Diese Verhaltensweisen spiegeln sich auch im Straßenverkehr wider, wo Rücksichtslosigkeit und Aggression zunehmend die Regel sind.

Ein weiteres Beispiel ist die Kommunikation in sozialen Medien. Plattformen wie Facebook, X und Instagram sind oft von hasserfüllten und beleidigenden Kommentaren geprägt. Die Anonymität des Internets fördert ein Verhalten, das in persönlichen Begegnungen meist unterdrückt wird. Menschen fühlen sich ermutigt, extremere Meinungen zu äußern und andere verbal anzugreifen, ohne die Konsequenzen ihres Handelns zu bedenken.

Verlust von Stil und Geschmack:

Ein markanter Aspekt des kulturellen Verfalls ist der Verlust von Stil und Geschmack in der Kleidung und im allgemeinen Benehmen. Kleidung, die einst für bestimmte Anlässe oder Tätigkeiten reserviert war, wird heute ohne Rücksicht auf den Kontext getragen. Ein Beispiel ist die Jeans, ursprünglich ein Kleidungsstück für schwere körperliche Arbeit, die heute von Menschen aller Altersgruppen und in nahezu jeder Situation getragen wird. Diese Uniformität spiegelt eine Gleichgültigkeit gegenüber situativ angemessenem Verhalten wider.

Die Tendenz, dass geschlechtsspezifische Kleidung ihre Bedeutung verloren hat, ist ebenfalls auffällig. Frauen tragen nur noch selten Röcke und Kleider, sondern überwiegend Hosen, die früher den Männern vorbehalten waren. Gleichzeitig kleiden sich erwachsene Männer wie Teenager, greifen zu bunten Farben und pflegen einen sehr unmännlichen, androgynen Stil. Dies ist nicht nur ein Zeichen für den Wandel in der Mode, sondern auch für die Auflösung traditioneller Geschlechterrollen.

Verlust von Bildung und allgemeinem intellektuellem Niveau:

Ein weiteres alarmierendes Zeichen der Krise ist der Verfall der Bildung und des allgemeinen intellektuellen Niveaus. In vielen Ländern sinkt das Bildungsniveau, und grundlegende Kenntnisse und Fähigkeiten gehen verloren. Dies zeigt sich nicht nur in den schulischen Leistungen, sondern auch in der Qualität der öffentlichen Debatten und des kulturellen

Lebens. Die Fähigkeit, komplexe Sachverhalte zu verstehen und differenziert zu diskutieren, nimmt ab.

Einbußen in der öffentlichen Ordnung und Zunahme von alltäglicher Gewalt:

Die öffentliche Ordnung erodiert, und die alltägliche Gewalt nimmt dramatisch zu. Messerangriffe und Messermorde sind keine Seltenheit mehr und führen zu einem Gefühl der Unsicherheit und Angst in der Bevölkerung. Die Autorität der staatlichen Organe wird untergraben, während gleichzeitig eine brutale Durchsetzung willkürlicher Regeln durch die Obrigkeit zu beobachten ist. Diese paradoxe Situation führt zu einem tiefen Misstrauen gegenüber den Institutionen, die eigentlich Schutz und Sicherheit gewährleisten sollten.

Überbordende Bürokratie trotz Digitalisierung:

Trotz der fortschreitenden Digitalisierung erlebt die Bürokratie keinen Abbau, sondern eine zunehmende Verschleppung von Abläufen und Vorgängen. Sowohl im öffentlichen Bereich der Behörden als auch in der Wirtschaft nehmen bürokratische Hürden zu, was zu ineffizienten Prozessen und einer allgemeinen Frustration in der Bevölkerung führt.

Statistiken und Studien

Um die genannten Punkte zu untermauern, können wir auf verschiedene Statistiken und Studien zurückgreifen:

Scheidungsraten: Laut Statistiken des Statistischen Bundesamtes liegt die Scheidungsrate in Deutschland bei etwa 40%, was bedeutet, dass fast jede zweite Ehe geschieden wird. Ähnliche Zahlen finden sich in vielen anderen westlichen Ländern.

Psychische Gesundheit von Kindern: Eine Studie des Robert-Koch-Instituts zeigt, dass Kinder aus geschiedenen Familien ein erhöhtes Risiko für psychische Erkrankungen und Verhaltensauffälligkeiten haben.

Verhaltensstudien im öffentlichen Raum: Untersuchungen des Max-Planck-Instituts für Bildungsforschung haben gezeigt, dass respektloses Verhalten und Aggressionen im öffentlichen Raum zunehmen.

Online-Verhalten: Eine Studie der Universität Hohenheim ergab, dass etwa 30% der Kommentare in sozialen Medien als hasserfüllt oder beleidigend eingestuft werden können. Diese Tendenz zur Verrohung der Kommunikation im Internet spiegelt eine allgemeine Verschlechterung des gesellschaftlichen Umgangs wider.

Bildungsniveau: OECD-Berichte zeigen, dass das Bildungsniveau in vielen westlichen Ländern sinkt, was sich in schlechteren Leistungen bei internationalen Vergleichstests wie PISA widerspiegelt.

Gewaltstatistiken: Polizeistatistiken zeigen eine Zunahme von Messerangriffen und anderen Gewalttaten in öffentlichen Räumen, was die wachsende Unsicherheit und die Erosion der öffentlichen Ordnung verdeutlicht.

Bürokratie und Effizienz: Studien zur Effizienz der öffentlichen Verwaltung und der Wirtschaft zeigen, dass trotz Digitalisierung die Bürokratie nicht abnimmt, sondern oft sogar zunimmt, was zu ineffizienten Prozessen und verzögerten Abläufen führt.

Diese Beispiele und Statistiken verdeutlichen die tiefgreifenden Auswirkungen der gegenwärtigen Krise und zeigen, wie weit verbreitet und tief verwurzelt diese Probleme sind. Sie illustrieren die Notwendigkeit einer grundlegenden Veränderung unserer Werte und Normen, um die negativen Entwicklungen umzukehren und eine stabilere, respektvollere Gesellschaft zu schaffen.

1.5 Fazit des Kapitels

Zusammenfassung der Krise:

In diesem Kapitel haben wir die tiefgreifende Krise unserer modernen Gesellschaft untersucht, die durch den Zerfall traditioneller Werte und Normen, die Auflösung von Familienstrukturen und Gemeinschaften sowie die Dominanz von Selbstsucht und Selbstzentriertheit gekennzeichnet ist. Diese Entwicklungen führen zu Isolation und fehlenden Bindungen auf individueller Ebene, während die Gesellschaft als Ganzes unter dem Zerfall von Gemeinschaften und ethnischen sowie kulturellen Identitätskrisen leidet. Gleichzeitig erleben wir einen dramatischen Verfall von Bildung, Stil und Sitte sowie eine allgemeine Verrohung und Abnahme des Niveaus in Verhalten und Umgangsformen.

Konkrete Beispiele aus dem täglichen Leben und unterstützende Statistiken haben die Auswirkungen dieser Krise veranschaulicht: die hohe Scheidungsrate, das aggressive Verhalten im öffentlichen Raum, der Verlust von Stil und Geschmack, die Abnahme des intellektuellen Niveaus, die Zunahme alltäglicher Gewalt und die Überbordung der Bürokratie trotz fortschreitender Digitalisierung.

Diese tiefgreifende Krise zeigt, dass innerhalb eines Systems, das von Liberalismus und Relativismus geprägt ist, lediglich relative Werte zur Verfügung stehen. Diese Werte sind jedoch nicht ausreichend, um uns aus der tiefen Krise zu befreien, in der wir uns befinden. Wir können uns nicht wie Münchhausen am eigenen Schopf aus dem Sumpf ziehen. Um einen festen Halt zu finden, brauchen wir einen Fixpunkt außerhalb unseres maroden Systems. Dieser Fixpunkt liegt in der Transzendenz, bei Gott. Nur ein transzendenter, personaler Gott kann uns die Orientierung und Stabilität bieten, die notwendig sind, um die gegenwärtige Krise zu überwinden.

Übergang zur Notwendigkeit eines Auswegs:

Angesichts dieser umfassenden und tiefgreifenden Krise ist es klar, dass ein grundlegender Wandel notwendig ist. Wir brauchen eine Rückkehr zu festen, transzendenten Werten und Normen, die uns Orientierung und Halt geben können. Im nächsten Kapitel werden wir uns damit befassen, wie der bewusste Glaube an einen personalen Gott diesen Wandel ermöglichen kann. Wir werden untersuchen, wie dieser Glaube nicht nur spirituell, sondern auch rational eine fundierte und sinnvolle Antwort auf die gegenwärtige Krise bieten kann.

Kapitel 2: Die Möglichkeit eines Auswegs

2.1 Einführung in den Ausweg

Kurze Zusammenfassung der Krise:

Im ersten Kapitel haben wir die tiefgreifende Krise unserer modernen Gesellschaft untersucht. Diese Krise ist durch den Zerfall traditioneller Werte und Normen, die Auflösung von Familienstrukturen und Gemeinschaften sowie die Dominanz von Selbstsucht und Selbstzentriertheit gekennzeichnet. Wir haben die Auswirkungen dieser Entwicklungen auf das Individuum, die Gesellschaft und die Kultur aufgezeigt und festgestellt, dass innerhalb eines Systems, das von Liberalismus und Relativismus geprägt ist, lediglich relative Werte zur Verfügung stehen. Diese Werte sind jedoch nicht ausreichend, um uns aus der tiefen Krise zu befreien, in der wir uns befinden.

Notwendigkeit eines transzendenten Fixpunkts:

Um einen Ausweg aus der gegenwärtigen Krise zu finden, ist ein transzendenter Fixpunkt erforderlich – eine Orientierung außerhalb des bestehenden Systems. Ein anschauliches Beispiel dafür ist ein Schiff, das sich mitten auf dem Meer befindet und die Ufer nicht sehen kann. Um navigieren und sich ausrichten zu können, benötigt die Mannschaft einen Fixpunkt außerhalb des Bootes, wie etwa ein Wahrzeichen an Land oder die Fixsterne am Himmel. Diese externen Orientierungspunkte ermöglichen es, den eigenen Standort zu bestimmen und den Kurs zu setzen. Ohne solche Fixpunkte treibt das Schiff ziellos umher und kann leicht in die Irre geraten. Ebenso orientieren sich Seefahrer seit Jahrhunderten am Nordstern, um ihren Kurs zu bestimmen. Der Nordstern ist ein fester Punkt am Himmel, der unabhängig von der Position des Schiffes immer im Norden steht. Ohne einen solchen festen Punkt wäre es unmöglich, eine zuverlässige Navigation zu gewährleisten.

Weitere anschauliche Beispiele:

Ein weiteres Beispiel ist das Konzept des Kompasses. In der Wildnis, ohne erkennbare Landmarken, bietet der Kompass einen festen Referenzpunkt, nämlich den magnetischen Norden. Dieser ermöglicht es Wanderern und Abenteurern, ihre Richtung zu bestimmen und ihren Weg zu finden. Ohne den Kompass wären sie der Gefahr ausgesetzt, sich zu verirren und ziellos umherzuwandern.

Auch in der Wissenschaft gibt es feste Referenzpunkte, die für das Verständnis der Welt unerlässlich sind. Zum Beispiel ist die Lichtgeschwindigkeit eine konstante Größe, die in vielen physikalischen Gleichungen als unveränderliche Basis dient. Ohne solche Konstanten wäre es unmöglich, präzise und verlässliche Berechnungen anzustellen, die das Fundament unseres wissenschaftlichen Verständnisses bilden.

Fixpunkt in der Transzendenz:

Für unsere Gesellschaft bedeutet dies, dass wir einen Fixpunkt in der Transzendenz, bei Gott, brauchen. Das Universum, unsere Welt und alles darin sind Teil der relativen Realität, die durch Raum und Zeit begrenzt ist. Materie und Energie, Gedanken und Ideen – all dies ist relativ und besitzt keine absoluten, objektiven Werte. Diese Relativität ist die Quelle unserer gegenwärtigen Krise, da sie keine festen, unveränderlichen Orientierungspunkte bietet.

Nur das, was außerhalb dieser relativen Welt existiert, kann uns einen absoluten Fixpunkt bieten. Diese transzendente Instanz ist Gott, der ultimative Schöpfer der relativen Welt. Gott ist die Quelle und Ursache des relativen Seins und existiert jenseits von Raum und Zeit. Dadurch ist Gott der einzige Fixpunkt, der unveränderlich und absolut gültig ist.

Alle anderen vermeintlichen Fixpunkte sind Teil der relativen Welt und unterliegen somit der Erosion und Deutung. Sie können uns keine dauerhafte Orientierung bieten, da sie selbst Teil des Problems sind, das sie zu lösen versuchen. Relativistische Werte und Systeme haben uns in die gegenwärtige Misere geführt, und nur ein transzendenter, personaler Gott kann uns die Stabilität und Orientierung bieten, die notwendig sind, um aus dieser Krise herauszufinden.

Dieser transzendente Fixpunkt bei Gott ermöglicht es, objektive und unveränderliche Werte und Normen zu etablieren, die als moralische Leitlinien dienen und das Verhalten und die Entscheidungen der Menschen leiten können. Ohne diesen Fixpunkt fehlt es an einer klaren und kohärenten Orientierung, was zu einem moralischen und gesellschaftlichen Chaos führt. Daher ist es unerlässlich, dass wir uns auf Gott als unseren ultimativen Fixpunkt stützen, um Orientierung und Halt zu finden und die gegenwärtige Krise zu überwinden.

2.2 Der bewusste Willensakt

Glaube als rationale Entscheidung:

Der Glaube an einen personalen Gott wird oft als ein rein emotionaler oder traditioneller Akt betrachtet. Doch es gibt gute Gründe, den Glauben als eine bewusste, rationale Entscheidung zu verstehen. Glaube aus emotionalen Gründen kann eine romantisch verklärte Vorstellung sein, die nicht immer nachhaltig ist. Bewusster Glaube hingegen erfolgt in der Regel aufgrund rationaler Überlegungen.

In vielen Fällen wird der Glaube als Teil einer Lebenstradition übernommen, in die man hineingestellt wird. Dies geschieht oft unbewusst, ohne jemals hinterfragt zu werden. Menschen, die aus traditionellen Gründen glauben, brauchen unser Buch in der Regel nicht, da sie bereits einen Glauben haben. Unsere Leser hingegen glauben vermutlich nicht an Gott und müssen sich daher bewusst für den Glauben entscheiden. Denn von selbst, aus dem Nichts, wird der Glaube nicht zu ihnen kommen. Gott kommt nicht auf diese Weise zu den Menschen; die Menschen müssen sich zu Gott aufmachen.

In der Bibel sagt Jesus Christus: "Bittet, so wird euch gegeben; sucht, so werdet ihr finden; klopft an, so wird euch aufgetan!" (Matthäus 7:7-11). Glaube an Gott ist also ein bewusster Akt, eine Entscheidung, ein Weg, den ein Mensch gehen muss. Der bewusste Entschluss zum Glauben ist ein völlig natürlicher Vorgang. Sobald der Mensch erkennt, dass er sich ohne Gott in eine schwierige, unhaltbare, ausweglose Situation gebracht hat, aus der es für ihn aus eigener Kraft keinen Ausweg gibt, kann er sich an Gott wenden und sagen: „Sorry, ich habe einen Fehler gemacht, indem ich dich verleugnet und aus meinem Leben ausgeschlossen habe. Ich sehe, ich habe mich überschätzt. Ich bin nicht das autonome Wesen, als das ich mich bisher gesehen habe. Ich möchte zu dir, Gott, zurückkehren und dich bitten, mir in meinem Leben zu helfen, dich bitten, mir mit deinen Geboten den Weg zu zeigen." Dieses Vorgehen ist in erster Linie vernunftgetrieben und erst in zweiter Linie emotional.

Ein passendes Gleichnis dazu ist das Gleichnis vom verlorenen Sohn, das Jesus Christus selbst erzählt hat. Ein junger Mann verlässt sein Elternhaus, verschwendet sein Erbe und fällt in Armut und Verzweiflung. Er erkennt seinen Fehler und kehrt reumütig zu seinem Vater zurück, der ihn mit offenen Armen empfängt. Dies ist ein kraftvolles Bild für den bewussten Entschluss zum Glauben an Gott. Der verlorene Sohn steht für den Menschen, der sich von Gott abgewendet hat, aber durch bewusste Reflexion und Erkenntnis den Weg zurückfindet.

Was ist Glaube?

Glauben bedeutet, etwas für wahr zu halten. In diesem Sinne glauben wir stets, wenn wir etwas für wahr halten. Glaube ist ein vollkommen natürlicher und alltäglicher Vorgang, der fester Bestandteil unseres Lebens ist. Der oft zitierte Gegensatz von Glauben und Wissen verzerrt die Wirklichkeit, denn tatsächlich wissen wir die wenigsten Dinge. Wenn wir Wissen als persönliche Anschauung und Gewissheit definieren, erkennen wir, dass viele unserer Überzeugungen auf Glauben basieren. Beispielsweise „wissen" die wenigsten von uns, dass die Erde um die Sonne kreist, im Sinne einer persönlichen Anschauung. Wir glauben dies, weil es uns von Kosmologen erklärt wird. Und so verhält es sich mit vielen anderen Dingen in unserem Alltag.

Glauben ist also etwas ganz Normales und wir tun es ständig. Auch die Annahme, dass es keinen Gott gibt, ist ein Glaube, denn bewiesen hat das noch niemand. Nur weil eine solche Vorstellung heutzutage populär ist, muss sie nicht richtig sein.

Zusammengefasst bedeutet der bewusste Glaube an Gott, dass man sich rational für diese Überzeugung entscheidet, weil man die Relativität und Unzulänglichkeit der weltlichen Werte und Systeme erkannt hat. Man erkennt die Notwendigkeit eines transzendenten Fixpunkts und wählt bewusst den Weg des Glaubens, um Orientierung, Halt und einen tieferen Sinn im Leben zu finden.

Philosophische Begründungen:

Der Glaube an Gott ist nicht nur ein emotionales oder traditionelles Phänomen, sondern kann auch auf solider philosophischer und wissenschaftlicher Grundlage stehen. Verschiedene Argumente aus der Philosophie und Wissenschaft unterstützen die Idee eines personalen Gottes.

Kosmologisches Argument: Dieses Argument geht davon aus, dass alles, was existiert, eine Ursache haben muss. Das Universum existiert, also muss es eine Ursache haben, die außerhalb des Universums selbst liegt. Diese erste Ursache, die nicht selbst verursacht ist, wird als Gott bezeichnet. Gott ist somit der unbewegte Beweger, die erste Ursache, die das Universum ins Dasein gebracht hat. Dieses Argument basiert auf der Idee, dass es eine logische Notwendigkeit für eine erste Ursache gibt, die selbst nicht verursacht ist und außerhalb der Kette von Ursachen und Wirkungen steht, die wir in der Welt beobachten.

Teleologisches Argument: Auch als Design-Argument bekannt, geht dieses Argument davon aus, dass das Universum und das Leben eine solche Komplexität und Ordnung aufweisen, dass sie nicht durch zufällige Prozesse entstanden sein können. Stattdessen deutet diese Ordnung auf einen intelligenten Designer hin, der das Universum mit einem bestimmten Zweck und Ziel erschaffen hat. Die Feinabstimmung der Naturgesetze, die Komplexität biologischer Systeme und die harmonische Struktur des Universums werden als Hinweise auf die Existenz eines Designers interpretiert. Dieses Argument betont, dass die Wahrscheinlichkeit, dass solch komplexe und zielgerichtete Strukturen zufällig entstehen, extrem gering ist.

Moralisches Argument: Dieses Argument basiert auf der Existenz objektiver moralischer Werte und Pflichten. Wenn es objektive moralische Werte gibt, die unabhängig von menschlichen Meinungen existieren, dann muss es auch eine Quelle dieser

Werte geben, die selbst nicht Teil der natürlichen Welt ist. Diese Quelle wird als Gott betrachtet. Gott ist der moralische Gesetzgeber, der objektive moralische Werte etabliert und den Menschen eine moralische Orientierung gibt. Ohne Gott wären moralische Werte relativ und subjektiv, was zu moralischer Beliebigkeit führen würde.

Ontologisches Argument: Dieses Argument geht auf Anselm von Canterbury zurück und basiert auf der Vorstellung, dass Gott als das größte denkbare Wesen existieren muss. Wenn wir uns Gott als das größte und vollkommenste Wesen vorstellen können, dann muss dieses Wesen auch in der Realität existieren, da ein existierendes Wesen größer ist als ein nur in der Vorstellung existierendes Wesen. Dieses Argument wird oft als schwierig zu verstehen kritisiert, hat aber im Laufe der Jahrhunderte viele Denker inspiriert und bleibt ein wichtiger Beitrag zur Philosophie der Religion.

Wissenschaftliche Überlegungen:

Dr. Stephen Meyer und andere Wissenschaftler haben Argumente vorgebracht, die den Glauben an einen intelligenten Designer auf wissenschaftlicher Basis unterstützen. Diese Überlegungen zeigen, dass der Glaube an Gott nicht im Widerspruch zu wissenschaftlichen Erkenntnissen steht, sondern durch sie unterstützt werden kann.

Informationskomplexität in der DNA: Die Entdeckung der Informationskomplexität in der DNA ist ein starkes Argument für einen intelligenten Designer. Die DNA enthält komplexe und spezifische Informationen, die die Baupläne für lebende Organismen darstellen. Diese Komplexität kann nicht durch zufällige Prozesse oder Selbstorganisation erklärt werden, sondern deutet auf einen intelligenten Urheber hin.

Feinabstimmung des Universums: Die Feinabstimmung der Naturkonstanten im Universum deutet auf ein intelligentes Design hin. Die Präzision, mit der diese Konstanten eingestellt sind, ermöglicht die Existenz von Leben. Die Wahrscheinlichkeit, dass diese Feinabstimmung zufällig entstanden ist, ist extrem gering. Alternative Erklärungen wie die Multiversum-Hypothese sind spekulativ und bieten keine endgültige Lösung.

Kosmologische Argumente: Der Ursprung des Universums, wie er durch die Urknalltheorie und die allgemeine Relativitätstheorie gezeigt wird, weist auf einen transzendenten, persönlichen Gott hin, der die Ursache für Raum, Zeit, Materie und

Energie ist. Diese Theorien unterstützen die Idee, dass das Universum einen Anfang hat und daher eine Ursache außerhalb seiner selbst benötigt.

Kritik am Neo-Darwinismus: Es gibt bedeutende wissenschaftliche Zweifel am Neo-Darwinismus, insbesondere hinsichtlich der Erklärung großer evolutionärer Veränderungen. Diese Zweifel öffnen den Weg für alternative Erklärungen wie das intelligente Design. Wissenschaftler wie Meyer argumentieren, dass die Komplexität des Lebens nicht allein durch zufällige Mutationen und natürliche Selektion erklärt werden kann.

Rolle der Information in der Biologie: Information ist eine fundamentale Komponente der Biologie, vergleichbar mit Materie und Energie. Diese Information deutet auf einen intelligenten Ursprung hin, da in unserer Erfahrung Information immer von einem Geist stammt. Die Existenz komplexer Informationen in biologischen Systemen unterstützt die Annahme eines intelligenten Designers.

Probleme der Ursprungsforschung: Die Forschung zur Entstehung des Lebens steht vor großen Herausforderungen, insbesondere bei der Erklärung der Herkunft der notwendigen Informationen. Meyer argumentiert, dass nur ein intelligenter

Verursacher diese Informationskomplexität erklären kann.

Widerlegung der Multiversum-Hypothese: Die Multiversum-Hypothese wird kritisiert, da sie keine letztendliche Erklärung für die Feinabstimmung des Universums liefert und auf vielen unbewiesenen theoretischen Postulaten basiert. Diese Hypothese verschiebt das Problem nur, löst es aber nicht.

Diese wissenschaftlichen Überlegungen zeigen, dass der Glaube an Gott nicht irrational ist, sondern auf logischen und fundierten Argumenten basiert. Sowohl philosophische als auch wissenschaftliche Überlegungen bieten starke Unterstützung für den Glauben an einen personalen Gott.

Pragmatische Gründe:

Der Glaube an einen personalen Gott kann nicht nur philosophisch und wissenschaftlich begründet werden, sondern bietet auch praktische Vorteile, die zu einem erfüllteren und sinnvolleren Leben führen können. Es gibt mehrere pragmatische Gründe, die den bewussten Glauben an Gott als eine rationale Entscheidung unterstützen.

Sinn und Zweck des Lebens: Einer der größten Vorteile des Glaubens an Gott ist die Möglichkeit, einen tieferen Sinn und Zweck im Leben zu finden. Der Glaube an einen Schöpfer und eine höhere Macht, die das Universum und das Leben bewusst erschaffen hat, gibt dem eigenen Dasein eine Bedeutung, die über das bloße Überleben und die Erfüllung von Grundbedürfnissen hinausgeht. Menschen, die an Gott glauben, haben oft das Gefühl, Teil eines größeren Plans zu sein, was ihnen Orientierung und Motivation gibt.

Moralische Orientierung: Der Glaube an Gott bietet eine klare moralische Orientierung, die in der modernen Gesellschaft oft fehlt. Göttliche Gebote und ethische Richtlinien bieten feste und unveränderliche Maßstäbe, die das Verhalten leiten und helfen, moralische Entscheidungen zu treffen. Dies kann zu einem gerechteren und harmonischeren Zusammenleben beitragen und das individuelle und kollektive Wohl fördern.

Gemeinschaft und Zugehörigkeit: Religiöser Glaube schafft Gemeinschaft und Zugehörigkeit. Menschen, die an Gott glauben, sind oft Teil von religiösen Gemeinschaften, die Unterstützung, Freundschaft und ein Gefühl der Zusammengehörigkeit bieten. Diese Gemeinschaften bieten nicht nur spirituelle, sondern auch soziale und emotionale Unterstützung, die in schwierigen Zeiten besonders wertvoll ist.

Psychisches Wohlbefinden: Studien haben gezeigt, dass religiöser Glaube und spirituelle Praktiken wie Gebet und Meditation das psychische Wohlbefinden fördern können. Gläubige Menschen berichten häufig von höherem Lebenssinn, größerer Zufriedenheit und besserer Stressbewältigung. Der Glaube an Gott kann Trost und Hoffnung in schwierigen Lebensphasen bieten und zur Resilienz gegenüber Lebenskrisen beitragen.

Ethik und soziale Verantwortung: Der Glaube an Gott fördert ethisches Verhalten und soziale Verantwortung. Gläubige Menschen fühlen sich oft verpflichtet, anderen zu helfen und einen positiven Beitrag zur Gesellschaft zu leisten. Dies kann zu einem stärkeren sozialen Zusammenhalt und einer solidarischeren Gemeinschaft führen.

Langfristige Perspektive: Der Glaube an ein Leben nach dem Tod und an göttliche Gerechtigkeit bietet eine langfristige Perspektive, die über das irdische Leben hinausgeht. Diese Perspektive kann helfen, gegenwärtige Herausforderungen und Leiden zu relativieren und mit Hoffnung und Zuversicht in die

Zukunft zu blicken. Sie bietet auch eine Grundlage für moralisches Handeln, das über kurzfristige persönliche Vorteile hinausgeht.

Zusammengefasst bietet der Glaube an Gott zahlreiche pragmatische Vorteile, die das individuelle Leben bereichern und zu einer besseren Gesellschaft beitragen können. Diese Vorteile machen den Glauben an Gott zu einer vernünftigen und lohnenden Entscheidung, die sowohl das persönliche Wohlbefinden als auch das kollektive Wohl fördern kann.

2.3 Transzendente Werte und Normen

Definition und Bedeutung:

Unter transzendenten Werten und Normen verstehen wir jene Prinzipien, die unabhängig von menschlichen Meinungen und kulturellen Unterschieden bestehen. Diese Werte und Normen sind nicht von dieser Welt, sondern stammen aus einer höheren, göttlichen Ordnung. Sie sind absolut, unveränderlich und universell gültig. Beispiele für transzendente Werte und Normen sind:

- Liebe: Im christlichen Sinne die selbstlose, bedingungslose Liebe zu Gott und den Mitmenschen, wie sie im Gebot der Nächstenliebe gefordert wird: „Liebe deinen Nächsten wie dich selbst" (Markus 12,31).

- Gerechtigkeit: Ein universeller Wert, der sich auf die gerechte Behandlung aller Menschen bezieht, unabhängig von ihrem Hintergrund. Gerechtigkeit bedeutet, dass jedem das Seine zukommt und dass Ungerechtigkeit aktiv bekämpft wird.

- Wahrheit: Die Suche nach und das Festhalten an der Wahrheit, unabhängig von den Konsequenzen. Wahrheit ist ein fundamentaler Wert, der in vielen Religionen und Philosophien als göttlich inspiriert betrachtet wird.

- Barmherzigkeit: Das Mitgefühl und die aktive Hilfe für diejenigen, die in Not sind. Barmherzigkeit wird als ein zentraler Wert im Christentum angesehen und ist eng mit der Liebe zu den Mitmenschen verbunden.

- Heiligkeit des Lebens: Die Anerkennung und der Schutz des Lebens als göttliches Geschenk. Dies umfasst den Respekt vor dem Leben in all seinen Formen, von der Empfängnis bis zum natürlichen Tod.

- Demut: Die Anerkennung der eigenen Begrenztheit und die Hingabe an Gott. Demut bedeutet, die eigene Position in der Welt richtig einzuschätzen und sich nicht über andere zu erheben.

Diese und weitere transzendenten Werte und Normen stehen im Gegensatz zu relativistischen Werten, die je nach kulturellem Kontext und individueller Meinung variieren können. In einer Welt, die oft von subjektiven und wandelbaren Wertvorstellungen geprägt ist, bieten transzendente Werte und Normen eine feste Grundlage und Orientierung.

Transzendente Werte und Normen sind demnach Prinzipien, die jenseits unserer weltlichen, kulturellen und individuellen Vorstellungen liegen. Sie stammen aus einer höheren, göttlichen Quelle und besitzen eine universelle und ewige Gültigkeit. Diese Werte und Normen sind unabhängig von den wechselnden Meinungen und Moden der Menschen und bieten daher eine unveränderliche Basis für moralisches und ethisches Verhalten. In einer Zeit, in der viele Werte und Normen relativ und flüchtig geworden sind, bieten transzendente Werte eine feste Grundlage, auf der wir unser Leben aufbauen können.

Transzendente Werte geben unserem Leben nicht nur Stabilität, sondern auch tiefere Bedeutung. Sie weisen uns darauf hin, dass unser Handeln und unsere Entscheidungen eine größere Bedeutung haben, die über unser individuelles Dasein hinausgeht. Indem wir uns an diesen höheren Prinzipien orientieren, können wir ein sinnvolles und zielgerichtetes Leben führen.

Absolutheit und Unveränderlichkeit:

Ein entscheidender Vorteil transzendenter Werte ist ihre Absolutheit und Unveränderlichkeit. Im Gegensatz zu den oft wechselhaften menschlichen Werten bleiben transzendente Werte immer gleich. Sie sind nicht den Launen der Zeit oder den unterschiedlichen kulturellen Präferenzen unterworfen. Dies verleiht ihnen eine Beständigkeit, die in der modernen, sich ständig verändernden Welt von unschätzbarem Wert ist.

Während sich die Auffassungen von Gerechtigkeit, Moral und Ethik je nach Kultur und Epoche ändern können, bleiben transzendente Werte konstant. Zum Beispiel sind Werte wie die Liebe zu Gott und dem Nächsten in ihrer Essenz unverändert, unabhängig von den äußeren Umständen. Diese Werte sind tief in der göttlichen Natur und dem göttlichen

Willen verankert und bieten uns eine verlässliche Orientierung, unabhängig von den gesellschaftlichen Veränderungen um uns herum.

Transzendente Werte und Normen stehen im Gegensatz zur Ideenwelt des Liberalismus, Rationalismus und Relativismus, die in der Moderne und Postmoderne vorherrschen. Während diese Philosophien auf relativen Werten und individuellen Präferenzen beruhen, bieten transzendente Werte eine stabile Grundlage, die uns aus den destruktiven Fängen des Nihilismus befreien kann. Indem wir uns auf transzendente Werte konzentrieren, überschreiten wir die Relativität der modernen Welt und finden einen festen Halt, der uns Orientierung und Stabilität bietet.

Moralische Orientierung:

Transzendente Werte dienen als moralische Leitlinien, die unser Verhalten und unsere Entscheidungen prägen. Sie bieten klare und unveränderliche Maßstäbe, die uns helfen, das Richtige vom Falschen zu unterscheiden. In einer Welt, in der moralische Beliebigkeit und Relativismus vorherrschen, geben uns diese Werte eine klare Richtung und helfen uns, moralische Entscheidungen zu treffen, die auf festen Prinzipien beruhen.

Ein zentrales Beispiel ist das Gebot der Nächstenliebe, das in vielen Religionen eine Schlüsselrolle
spielt. Dieses Gebot fordert uns auf, unsere Mitmenschen zu lieben und ihnen mit Respekt und
Mitgefühl zu begegnen. Es bietet einen festen Maßstab für unser Verhalten, unabhängig von persönlichen Vorlieben oder gesellschaftlichen Normen.
Wichtig ist jedoch, dass diese transzendenten
Werte immer im gesamten gottgegebenen Kontext
betrachtet werden müssen. Die Nächstenliebe, wie
sie von Jesus Christus im Gleichnis vom barmherzi-
gen Samariter beschrieben wird, muss in ihrem ur-
sprünglichen Kontext verstanden werden. Der
barmherzige Samariter kümmerte sich um seinen
Nächsten vor seiner Haustür, also in seinem unmittelbaren Lebensbereich, und nicht um irgendeinen
Notleidenden irgendwo auf der Welt. Eine zu weit
gefasste Interpretation könnte zur Überforderung
und Schädigung der eigenen Ressourcen und Gemeinschaft führen.

Transzendente Werte und Normen bilden ein kom-
plexes Regelwerk, das insgesamt betrachtet und
befolgt werden muss. Es ist kontraproduktiv, einzelne Aspekte herauszulösen und isoliert zu betrachten. Dies geschieht häufig im Liberalismus, Rationalismus und Relativismus, die selbst nicht über
absolute Werte verfügen. In solchen Fällen werden

transzendente Werte oft aus ihrem Kontext gerissen und missverstanden. Um die transzendenten Werte richtig zu verstehen und anzuwenden, ist es notwendig, sich ihnen vollständig zuzuwenden und sie in ihrem jeweiligen religiösen Kontext umfassend zu studieren.

Durch die Orientierung an transzendenten Werten können wir ein moralisch integres und sinnvolles Leben führen. Diese Werte bieten uns nicht nur eine moralische Orientierung, sondern helfen uns auch, Verantwortung für unser Handeln zu übernehmen und ethisch zu handeln, selbst wenn dies persönliche Opfer oder Unannehmlichkeiten bedeutet. In einer Welt, die von Unsicherheiten und Veränderungen geprägt ist, bieten transzendente Werte die notwendige Stabilität und Orientierung, um ein erfülltes und sinnvolles Leben zu führen.

2.4 Der Glaube an einen personalen Gott

Charakteristika eines personalen Gottes:

Der Glaube an einen personalen Gott unterscheidet sich grundlegend von abstrakten oder pantheistischen Vorstellungen einer höheren Macht. Ein personaler Gott besitzt spezifische Eigenschaften, die die Grundlage für eine persönliche Beziehung zwischen Gott und Mensch bilden. Zu den wesentlichen Charakteristika eines personalen Gottes gehören:

Personhaftigkeit: Im Gegensatz zu einer unpersönlichen Kraft ist ein personaler Gott ein Wesen mit Bewusstsein, Willen, Intellekt und Emotionen. Diese Personhaftigkeit ermöglicht es den Menschen, eine persönliche Beziehung zu Gott aufzubauen, zu ihm zu beten und mit ihm zu kommunizieren.

Schöpfer und Erhalter: Gott ist der Schöpfer des Universums und aller darin enthaltenen Wesen. Er ist auch der Erhalter der Schöpfung, der sie kontinuierlich unterstützt und ihr Existenz verleiht. Diese Eigenschaft betont die Abhängigkeit der Schöpfung von Gott und seine fortwährende Fürsorge.

Transzendenz und Immanenz: Ein personaler Gott ist sowohl transzendent – das heißt, er existiert außerhalb und unabhängig von der materiellen Welt – als auch immanent, was bedeutet, dass er in der Welt präsent und aktiv ist. Diese doppelte Eigenschaft ermöglicht es Gott, das Universum zu lenken und gleichzeitig in das Leben der Menschen einzugreifen und Beziehungen zu ihnen zu pflegen.

Allmacht: Ein personaler Gott ist allmächtig, was bedeutet, dass er unbegrenzte Macht besitzt. Diese Allmacht ermöglicht es Gott, das Universum zu erschaffen und zu lenken. Sie gibt uns die Gewissheit, dass nichts außerhalb der Kontrolle Gottes liegt und dass er in der Lage ist, alles zu tun, was seinem Willen entspricht.

Allwissenheit: Gott ist allwissend, was bedeutet, dass er alles weiß – Vergangenheit, Gegenwart und Zukunft. Diese Eigenschaft impliziert, dass Gott die Gedanken, Gefühle und Handlungen aller Menschen kennt. Seine Allwissenheit ermöglicht es ihm, weise und gerechte Entscheidungen zu treffen, die über unser begrenztes menschliches Verständnis hinausgehen.

Moralische Güte: Ein personaler Gott ist von moralischer Güte durchdrungen. Diese Güte manifestiert sich in seiner Liebe, Gerechtigkeit, Barmherzigkeit und Fürsorge für seine Schöpfung. Gottes moralische Güte bietet uns ein perfektes Beispiel und einen Maßstab für unser eigenes moralisches Verhalten.

Warum andere Gottesbilder nicht ausreichen:

Während der Glaube an einen personalen Gott eine klare und stabile Grundlage für moralische und ethische Orientierung bietet, können andere Gottesbilder dies nicht in gleicher Weise leisten. Hier sind einige Gründe, warum pantheistische, abstrakte oder unpersönliche Vorstellungen von Gott nicht den gewünschten Ausweg aus dem Relativismus und Nihilismus der Moderne und Postmoderne bieten:

Pantheismus: Der Pantheismus betrachtet Gott als identisch mit dem Universum oder der Natur. In dieser Sichtweise ist Gott nicht transzendent, sondern vollständig immanente Energie oder Kraft. Diese Vorstellung kann keine klaren moralischen Richtlinien bieten, da sie keine persönliche Beziehung zwischen Gott und Mensch zulässt. Ohne einen personalen Gott gibt es keine moralische Autorität, die objektive und absolute Werte festlegt.

Unpersönliche Kraft: Vorstellungen von Gott als unpersönlicher Kraft oder Energie fehlen die Eigenschaften von Bewusstsein, Willen und moralischer Güte. Eine unpersönliche Kraft kann keine moralischen Entscheidungen treffen oder ethische Standards setzen. Sie bietet keine Grundlage für eine persönliche Beziehung, durch die Menschen moralische Orientierung und Sinn erfahren können.

Gott als Seelenenergie: Die Vorstellung von Gott als Seelenenergie oder universellem Bewusstsein bleibt oft vage und abstrakt. Solche Konzepte können inspirierend wirken, bieten aber keine konkreten moralischen Leitlinien oder eine feste Basis für ethisches Verhalten. Sie neigen dazu, in der Praxis relativistisch interpretiert zu werden, was zu moralischer Beliebigkeit führt.

Fehlende transzendente Orientierung: Ohne einen transzendenten, personalen Gott fehlt die notwendige externe Orientierung, die über die relative Welt hinausgeht. Diese Orientierung ist entscheidend, um feste und unveränderliche Werte zu etablieren, die unabhängig von kulturellen und individuellen Präferenzen bestehen.

Ein personaler Gott hingegen bietet klare und absolute moralische Maßstäbe, die aus seiner transzendenten Natur und seiner Beziehung zu den Menschen resultieren. Diese Werte und Normen sind fest verankert und bieten eine stabile Grundlage, die über das rein Menschliche hinausgeht. Der Glaube an einen personalen Gott ermöglicht es den Menschen, sich auf eine höhere Wahrheit auszurichten und ein Leben zu führen, das von Sinn, Zweck und moralischer Integrität geprägt ist.
Beziehung zwischen Gott und Mensch:

Die Beziehung zwischen Gott und Mensch ist von zentraler Bedeutung für das Verständnis eines personalen Gottes. Diese Beziehung ist geprägt von Liebe, Verantwortung, Kommunikation und einem tiefen Sinn für Gemeinschaft. Es gibt mehrere Schlüsselkomponenten, die diese Beziehung definieren und sie von anderen spirituellen Vorstellungen unterscheiden.

Göttliche Liebe und Fürsorge:

Im Zentrum der Beziehung zwischen Gott und Mensch steht die göttliche Liebe. Gott liebt jeden Menschen bedingungslos und möchte das Beste für seine Schöpfung. Diese Liebe manifestiert sich in der Fürsorge Gottes für die Menschen, seiner Bereitschaft, ihnen zu vergeben, und seinem Wunsch, eine persönliche Beziehung mit jedem Einzelnen einzugehen. Die göttliche Liebe bietet Trost, Hoffnung und ein tiefes Gefühl der Geborgenheit.

Kommunikation und Gebet:

Ein weiterer wesentlicher Aspekt der Beziehung zwischen Gott und Mensch ist die Kommunikation. Gott spricht durch heilige Schriften, Propheten und innere Eingebungen zu den Menschen. Im Gegenzug können Menschen durch Gebet mit Gott kommunizieren. Das Gebet ermöglicht es den Gläubigen, ihre Sorgen, Hoffnungen und Dankbarkeit auszudrücken, und bietet eine Möglichkeit, göttliche Führung und Weisheit zu erlangen. Diese wechselseitige Kommunikation stärkt die Beziehung und vertieft das Vertrauen in Gott.

Göttliche Gebote und menschliche Verantwortung:

Die Beziehung zwischen Gott und Mensch ist auch durch göttliche Gebote und menschliche Verantwortung gekennzeichnet. Gott hat den Menschen Regeln und Gebote gegeben, die ihnen helfen, ein moralisch integres und erfülltes Leben zu führen. Diese Gebote sind Ausdruck der göttlichen Weisheit und Liebe und bieten klare Richtlinien für ethisches Verhalten. Die Einhaltung dieser Gebote ist eine Form des Gehorsams und des Respekts gegenüber Gott.

Der Mensch hat die Verantwortung, diese Gebote zu befolgen und sein Leben nach den göttlichen Prinzipien auszurichten. Diese Verantwortung ist nicht nur individuell, sondern auch kollektiv. Jeder Mensch trägt zur moralischen und spirituellen Gesundheit der Gemeinschaft bei, indem er die göttlichen Gebote respektiert und lebt.

Um die Bedeutung dieser göttlichen Gebote besser zu verdeutlichen, möchten wir exemplarisch die zehn zentralen Gebote der jüdisch-christlichen Tradition verweisen. Diese Gebote haben eine zentrale Rolle in der Entwicklung der Kultur und Ethik des Abendlandes gespielt und bieten einen klaren moralischen Kompass für ein Leben im Einklang mit den göttlichen Prinzipien.

Die Zehn Gebote:

1. Du sollst keine anderen Götter neben mir haben: Dieses Gebot betont die Einzigartigkeit und Exklusivität des Glaubens an den einen Gott und verbietet die Verehrung anderer Götter oder Idole.

2. Du sollst den Namen Gottes nicht verunehren: Der Name Gottes soll mit Ehrfurcht und Respekt behandelt werden, und es soll vermieden werden, ihn leichtfertig oder unehrlich zu verwenden.

3. Du sollst den Tag des Herrn heiligen: Der Sabbat ist ein Tag der Ruhe und der Besinnung auf Gott. Dieses Gebot ruft dazu auf, einen Tag der Woche zu heiligen und sich von den alltäglichen Arbeiten zu erholen, um sich auf spirituelle Dinge zu konzentrieren.

4. Du sollst Vater und Mutter ehren: Dieses Gebot betont die Bedeutung des Respekts und der Ehre gegenüber den Eltern und stellt die Grundlage für starke familiäre Bindungen dar.

5. Du sollst nicht töten: Das Gebot verbietet das vorsätzliche Töten eines anderen Menschen und unterstreicht die Heiligkeit des menschlichen Lebens.

6. Du sollst nicht ehebrechen: Ehebruch ist verboten, um die Integrität und Heiligkeit der Ehe zu bewahren.

7. Du sollst nicht stehlen: Dieses Gebot schützt das Recht auf Eigentum und verbietet den Diebstahl oder die unrechtmäßige Aneignung des Eigentums eines anderen.

8. Du sollst nicht falsch gegen deinen Nächsten aussagen: Es verbietet Lügen und falsche Zeugnisse gegen andere und fördert Wahrheit und Gerechtigkeit in zwischenmenschlichen Beziehungen.

9. Du sollst nicht begehren deines Nächsten Frau: Dieses Gebot verbietet Neid und Begierde nach den Beziehungen eines anderen Menschen und fördert Zufriedenheit und Dankbarkeit.

10. Du sollst nicht begehren deines Nächsten Gut: Es erweitert das vorherige Gebot, indem es jegliches Begehren nach dem Besitz oder den Beziehungen eines anderen Menschen verbietet.

Diese Gebote bieten einen klaren moralischen Kompass und helfen den Gläubigen, ein Leben zu führen, das im Einklang mit den göttlichen Prinzipien steht. Indem sie diese Gebote befolgen, zeigen die Gläubigen ihren Respekt und Gehorsam gegenüber Gott und tragen zur moralischen und spirituellen Gesundheit ihrer Gemeinschaft bei.

Individuelle und kollektive Verantwortung:

Die Beziehung zu Gott erfordert sowohl individuelle als auch kollektive Verantwortung. Individuell ist jeder Gläubige aufgefordert, ein Leben in Übereinstimmung mit den göttlichen Geboten zu führen und seine Talente und Fähigkeiten zum Wohle anderer einzusetzen. Dies beinhaltet auch die ständige persönliche Weiterentwicklung und das Streben nach moralischer Integrität.

Kollektiv bedeutet diese Verantwortung, dass Gemeinschaften und Gesellschaften ebenfalls nach den göttlichen Prinzipien leben sollten. Eine Gesellschaft, die sich an transzendenten Werten orientiert, fördert Gerechtigkeit, Mitgefühl und gegenseitigen Respekt. Diese kollektive Verantwortung stärkt den sozialen Zusammenhalt und schafft eine Kultur des Vertrauens und der Solidarität.

Göttliche Barmherzigkeit und Vergebung:

Ein weiterer wichtiger Aspekt der Beziehung zwischen Gott und Mensch ist die göttliche Barmherzigkeit und Vergebung. Menschen machen Fehler und sündigen, doch Gott ist bereit zu vergeben, wenn sie Reue zeigen und um Vergebung bitten. Diese Vergebung ist Ausdruck der unendlichen Barmherzigkeit Gottes und bietet den Menschen die Möglichkeit, immer wieder neu anzufangen. Sie stärkt die Beziehung zu Gott und gibt den Gläubigen die Kraft, ihre Schwächen zu überwinden und ein besseres Leben zu führen.

Ewige Gemeinschaft:

Die Beziehung zwischen Gott und Mensch endet nicht mit dem physischen Tod. Viele religiöse Traditionen lehren, dass die Beziehung zu Gott ewig ist und dass die Gläubigen nach dem Tod in eine tiefere Gemeinschaft mit Gott eintreten. Diese Perspektive gibt dem Leben auf der Erde eine zusätzliche Dimension und motiviert die Gläubigen, ein

Leben im Einklang mit den göttlichen Geboten zu führen, um diese ewige Gemeinschaft zu erreichen.

Zusammengefasst ist die Beziehung zwischen Gott und Mensch eine dynamische und lebendige Verbindung, die durch Liebe, Kommunikation, Verantwortung und Barmherzigkeit geprägt ist. Diese Beziehung bietet Orientierung, Sinn und Hoffnung und ermöglicht es den Menschen, ein erfülltes und moralisch integres Leben zu führen.

Göttliche Gebote und menschliche Verantwortung:

Göttliche Gebote sind zentrale Elemente der Beziehung zwischen Gott und Mensch. Sie bieten klare Orientierung und helfen den Gläubigen, ein Leben in Übereinstimmung mit den göttlichen Prinzipien zu führen. Diese Gebote sind Ausdruck der Weisheit und Liebe Gottes und dienen als moralische Leitlinien, die das Verhalten und die Entscheidungen der Menschen prägen.

Orientierung durch göttliche Gebote:

Göttliche Gebote bieten einen festen moralischen Rahmen, der uns Orientierung in einer oft chaotischen und relativistischen Welt gibt. Sie helfen uns, das Richtige vom Falschen zu unterscheiden und ethische Entscheidungen zu treffen. Diese Gebote sind nicht willkürlich, sondern basieren auf der göttlichen Weisheit, die das Wohl der gesamten Schöpfung im Blick hat.

Ein Beispiel für ein göttliches Gebot ist das Gebot der Nächstenliebe, das uns auffordert, unsere Mitmenschen zu lieben und ihnen mit Respekt und Mitgefühl zu begegnen. Ein weiteres Beispiel ist das Gebot der Ehrfurcht vor Gott, das uns dazu anleitet, Gott zu ehren und seine Gebote zu befolgen. Diese und andere Gebote bieten eine klare und verlässliche moralische Orientierung, die uns hilft, ein integres und erfülltes Leben zu führen.

Verantwortung des Menschen gegenüber Gott:

Mit den göttlichen Geboten kommt auch die Verantwortung des Menschen gegenüber Gott. Diese Verantwortung umfasst mehrere Dimensionen:

Moralische Verantwortung: Der Mensch hat die moralische Pflicht, die göttlichen Gebote zu befolgen und sein Leben nach den Prinzipien Gottes auszurichten. Dies bedeutet, dass wir in unseren Entscheidungen und Handlungen stets die göttlichen Gebote berücksichtigen und uns bemühen, ein

Leben in Übereinstimmung mit Gottes Willen zu führen.

Spirituelle Verantwortung: Neben der moralischen Verantwortung haben wir auch eine spirituelle Verantwortung, unsere Beziehung zu Gott zu pflegen und zu vertiefen. Dies kann durch Gebet, Meditation, das Studium heiliger Schriften und die Teilnahme an religiösen Gemeinschaften geschehen. Die spirituelle Verantwortung hilft uns, unsere Verbindung zu Gott zu stärken und seine Führung in unserem Leben zu suchen.

Soziale Verantwortung: Die göttlichen Gebote umfassen auch die Verantwortung gegenüber unseren Mitmenschen und der Gemeinschaft. Dies bedeutet, dass wir nicht nur für unser eigenes Wohl, sondern auch für das Wohl anderer sorgen. Wir sind aufgerufen, Gerechtigkeit, Mitgefühl und Nächstenliebe zu praktizieren und uns für das Gemeinwohl einzusetzen.

Das Selbstverständnis des Gläubigen als Geschöpf:

Ein Mensch, der an einen personalen Gott glaubt, versteht sich als Geschöpf dieses Gottes. Diese Erkenntnis prägt sein Selbstverständnis und sein Verhältnis zu Gott. Im Gegensatz zu einem Atheisten, der sich als Ergebnis eines ziellosen evolutionären Prozesses sieht und sich selbst als autonom und unabhängig betrachtet, erkennt der gläubige Mensch seine Abhängigkeit von Gott an. Diese Abhängigkeit ist keine Einschränkung, sondern eine natürliche Folge der Schöpfung. Der Glaube an Gott beinhaltet die Akzeptanz, dass man nicht aus sich selbst heraus existiert, sondern von einem höheren Wesen geschaffen wurde. Diese Erkenntnis führt zu einer natürlichen und selbstverständlichen Anerkennung der göttlichen Gebote.

Die Rolle der göttlichen Gebote in der Gesellschaft:

Göttliche Gebote haben nicht nur individuelle, sondern auch kollektive Bedeutung. Sie bieten eine Grundlage für die moralische und ethische Ordnung der Gesellschaft. In einer Welt, die von Relativismus und moralischer Beliebigkeit geprägt ist, bieten göttliche Gebote eine stabile Grundlage, auf der Gemeinschaften und Gesellschaften aufgebaut werden können.

Durch die Einhaltung göttlicher Gebote können Gesellschaften Gerechtigkeit, Frieden und Harmonie fördern. Diese Gebote helfen, soziale Strukturen zu stärken und den sozialen Zusammenhalt zu fördern. Indem wir die göttlichen Gebote respektieren und leben, tragen wir zur Schaffung einer gerechten und mitfühlenden Gesellschaft bei.

Die Bedeutung der freiwilligen Einhaltung:

Ein weiterer wichtiger Aspekt der göttlichen Gebote ist, dass ihre Einhaltung freiwillig und aus freiem Willen erfolgen muss. Gott hat den Menschen mit freiem Willen ausgestattet, was bedeutet, dass wir die Wahl haben, seine Gebote zu befolgen oder zu ignorieren. Diese Freiheit ist ein Ausdruck der göttlichen Liebe und des Respekts gegenüber der menschlichen Autonomie.

Warum Gott den Menschen einen freien Willen gegeben hat:

Gott wollte keine Sklaven oder menschlichen Maschinen erschaffen, die seinen Willen blind ausführen. Stattdessen schuf er den Menschen nach seinem Ebenbild, als freie Individuen mit eigenem Bewusstsein und eigenem Willen. Diese Freiheit ermöglicht es dem Menschen, sich bewusst und freiwillig für Gott zu entscheiden. Gott wünscht sich eine persönliche Beziehung zu seinen Geschöpfen, eine Beziehung, die auf gegenseitiger Liebe basiert. Liebe kann nur auf der Grundlage von Freiheit existieren; es gibt keine Liebe unter Zwang. Diese für die Liebe notwendige Freiheit ist der tiefere Grund, warum Gott den Menschen freien Willen gegeben hat.

Die freiwillige Einhaltung der göttlichen Gebote zeigt unseren Respekt und unsere Liebe zu Gott. Sie ist ein Ausdruck unseres Wunsches, in Übereinstimmung mit seinem Willen zu leben und unsere Beziehung zu ihm zu vertiefen. Diese freiwillige Hingabe stärkt unsere moralische Integrität und unser spirituelles Wachstum.

Zusammengefasst bieten göttliche Gebote klare moralische Orientierung und tragen zur Schaffung einer gerechten und harmonischen Gesellschaft bei. Die Verantwortung des Menschen gegenüber Gott umfasst moralische, spirituelle und soziale Dimensionen und zeigt sich in der freiwilligen Einhaltung dieser Gebote. Durch die Befolgung der göttlichen Gebote können wir ein erfülltes und sinnerfülltes Leben führen, das im Einklang mit Gottes Willen steht.

Individuelle und kollektive Verantwortung:

Der Glaube an einen personalen Gott stärkt sowohl die individuelle als auch die kollektive Verantwortung. Diese duale Verantwortung ist zentral für ein harmonisches und gerechtes Zusammenleben und fördert die moralische und ethische Integrität sowohl des Einzelnen als auch der Gemeinschaft.

Individuelle Verantwortung:

Individuelle Verantwortung bedeutet, dass jeder Mensch für sein eigenes Handeln vor Gott und den Mitmenschen verantwortlich ist. Der Glaube an Gott gibt dem Einzelnen eine klare moralische Orientierung und ein starkes Gefühl der Verpflichtung, nach den göttlichen Geboten zu leben. Diese Verantwortung umfasst mehrere Dimensionen:

Moralische Integrität: Der Glaube an Gott ermutigt den Einzelnen, moralisch integre Entscheidungen zu treffen und ein Leben zu führen, das im Einklang mit den göttlichen Prinzipien steht. Dies beinhaltet Ehrlichkeit, Gerechtigkeit, Mitgefühl und Respekt vor anderen.

Selbstreflexion und Reue: Der Glaube fördert die Praxis der Selbstreflexion und der Reue. Gläubige sind angehalten, ihre eigenen Handlungen regelmäßig zu überprüfen und Fehler einzugestehen. Dies führt zu persönlichem Wachstum und einer stetigen Annäherung an die göttlichen Ideale.

Verantwortung für das eigene Handeln: Jeder Gläubige ist sich bewusst, dass er für sein Handeln vor Gott Rechenschaft ablegen muss. Diese Erkenntnis fördert eine bewusste und verantwortungsvolle Lebensführung.

Kollektive Verantwortung:

Neben der individuellen Verantwortung betont der Glaube an Gott auch die kollektive Verantwortung. Gemeinschaften und Gesellschaften, die sich an göttlichen Prinzipien orientieren, fördern den sozialen Zusammenhalt und das Gemeinwohl.

Gemeinschaftsgefühl und Solidarität: Der Glaube an Gott fördert ein starkes Gemeinschaftsgefühl und die Solidarität unter den Gläubigen. Diese Gemeinschaft unterstützt ihre Mitglieder in schwierigen Zeiten und arbeitet gemeinsam daran, eine gerechte und mitfühlende Gesellschaft zu schaffen.

Soziale Gerechtigkeit: Gläubige Gemeinschaften setzen sich für soziale Gerechtigkeit ein. Sie engagieren sich in karitativen Projekten, unterstützen Bedürftige und treten für die Rechte der Unterdrückten ein. Diese kollektive Verantwortung trägt zur Verbesserung der Gesellschaft bei und stellt sicher, dass die göttlichen Prinzipien der Gerechtigkeit und Barmherzigkeit in der Welt verwirklicht werden.

Bewahrung der Schöpfung: Der Glaube an Gott beinhaltet auch die Verantwortung, die Schöpfung zu bewahren und zu schützen. Gemeinschaften, die sich an göttlichen Prinzipien orientieren, setzen sich für den Umweltschutz ein und fördern nachhaltige Lebensweisen.

Zusammenwirken von individueller und kollektiver Verantwortung:

Das Zusammenwirken von individueller und kollektiver Verantwortung schafft eine starke, moralisch integre Gemeinschaft. Individuen, die nach göttlichen Prinzipien leben, tragen zur moralischen Gesundheit der Gemeinschaft bei. Gleichzeitig stärkt eine Gemeinschaft, die sich an göttlichen Werten orientiert, das individuelle Wachstum und die moralische Integrität ihrer Mitglieder.

Praktische Umsetzung:

Bildung und Erziehung: Eine praktische Umsetzung dieser Verantwortung erfolgt durch Bildung und Erziehung, die auf göttlichen Prinzipien basieren.

Gläubige Gemeinschaften legen großen Wert darauf, ihre Kinder und Jugendlichen im Sinne der göttlichen Gebote zu erziehen und ihnen die Bedeutung von Verantwortung und moralischer Integrität zu vermitteln.

Religiöse Praxis: Religiöse Praktiken wie Gebet, Gottesdienst und gemeinschaftliche Aktivitäten fördern das Bewusstsein für individuelle und kollektive Verantwortung. Diese Praktiken bieten Gelegenheiten zur Selbstreflexion, zur Stärkung der Gemeinschaft und zur gemeinsamen Arbeit für das Gemeinwohl.

Engagement und Ehrenamt: Gläubige sind oft in gemeinnützigen und ehrenamtlichen Tätigkeiten engagiert. Durch ihr Engagement tragen sie aktiv zur Verbesserung der Gesellschaft bei und setzen die göttlichen Prinzipien der Nächstenliebe und Barmherzigkeit in die Tat um.

Zusammengefasst stärkt der Glaube an einen personalen Gott sowohl die individuelle als auch die kollektive Verantwortung. Durch die Orientierung an göttlichen Prinzipien fördern Gläubige moralische Integrität, sozialen Zusammenhalt und das Gemeinwohl. Diese duale Verantwortung ist entscheidend für die Schaffung einer gerechten, mitfühlenden und harmonischen Gesellschaft.

2.5 Praktische Umsetzung des Glaubens

Integration des Glaubens im Alltag:

Der Glaube an Gott sollte nicht nur eine theoretische Überzeugung sein, sondern sich im täglichen Leben manifestieren. Die Integration des Glaubens in den Alltag bedeutet, dass die Prinzipien und Werte des Glaubens aktiv gelebt und in den täglichen Entscheidungen und Handlungen umgesetzt werden. Es gibt verschiedene Wege, wie der Glaube an Gott im Alltag praktiziert werden kann:

Gebet und Meditation:

Das Gebet ist ein zentraler Bestandteil des Glaubenslebens und bietet eine Möglichkeit, regelmäßig mit Gott zu kommunizieren. Tägliche Gebetszeiten helfen, den Tag im Einklang mit Gott zu beginnen und zu beenden. Das Gebet ermöglicht es, Dankbarkeit auszudrücken, um Führung und Weisheit zu bitten und persönliche Anliegen vor Gott zu bringen. Meditation kann ebenfalls eine wertvolle Praxis sein, um inneren Frieden zu finden und sich auf die Gegenwart Gottes zu konzentrieren.

Lesen heiliger Schriften:

Das regelmäßige Lesen und Studieren heiliger Schriften hilft, die göttlichen Prinzipien und Gebote besser zu verstehen und sie in das tägliche Leben zu integrieren. Die Schriften bieten Weisheit, Inspiration und moralische Orientierung, die im Alltag angewendet werden können. Durch das Lesen der Schriften kann man tiefer in den Glauben eintauchen und eine stärkere Verbindung zu Gott aufbauen.

Teilnahme an religiösen Gemeinschaften:

Die Teilnahme an religiösen Gemeinschaften bietet Unterstützung und Ermutigung im Glaubensleben. Gemeinschaftliche Gottesdienste, Gebetsgruppen und religiöse Veranstaltungen fördern den Austausch mit anderen Gläubigen und stärken das Gemeinschaftsgefühl. Religiöse Gemeinschaften bieten auch Gelegenheiten zur gemeinsamen Anbetung, zum Lernen und zum Dienst an anderen.
Anwendung göttlicher Prinzipien im täglichen Handeln:

Die Werte und Prinzipien des Glaubens sollten in den täglichen Entscheidungen und Handlungen sichtbar werden. Dies bedeutet, ehrlich, gerecht und mitfühlend zu handeln, sowohl in persönlichen als auch in beruflichen Beziehungen. Der Glaube sollte sich in der Art und Weise widerspiegeln, wie man mit anderen umgeht, Konflikte löst und Verantwortung übernimmt.

Nächstenliebe und Dienst an anderen:

Ein wichtiger Aspekt des Glaubens ist die Nächstenliebe, die sich im Dienst an anderen manifestiert. Dies kann durch ehrenamtliches Engagement, karitative Tätigkeiten und Unterstützung Bedürftiger geschehen. Der Dienst an anderen fördert nicht nur das Wohl der Gemeinschaft, sondern stärkt auch den eigenen Glauben und das Gefühl der Erfüllung.

Ethische und moralische Entscheidungen:

Der Glaube an Gott bietet klare moralische Leitlinien, die bei der Entscheidungsfindung helfen. Im Alltag bedeutet dies, Entscheidungen zu treffen, die im Einklang mit den göttlichen Geboten stehen, auch wenn dies schwierig oder unpopulär sein mag. Diese Entscheidungen fördern die persönliche Integrität und tragen zu einem gerechten und harmonischen Zusammenleben bei.

Selbstdisziplin und persönliche Entwicklung:

Der Glaube an Gott ermutigt zur ständigen persönlichen Weiterentwicklung und Selbstdisziplin. Dies kann durch das Setzen von spirituellen Zielen, regelmäßige Selbstreflexion und die Suche nach Wegen zur Verbesserung des eigenen Charakters geschehen. Die persönliche Entwicklung ist ein fortlaufender Prozess, der durch den Glauben an Gott und die Einhaltung seiner Gebote unterstützt wird.

Dankbarkeit und Zufriedenheit:

Die Praxis der Dankbarkeit ist ein wesentlicher Bestandteil des Glaubenslebens. Tägliche Dankbarkeitsübungen helfen, die Segnungen im Leben zu erkennen und eine positive Einstellung zu bewahren. Dankbarkeit fördert Zufriedenheit und stärkt das Vertrauen in Gottes Fürsorge und Plan für das Leben.

Bewusste Lebensführung:

Der Glaube an Gott ermutigt zu einer bewussten und achtsamen Lebensführung. Dies bedeutet, die eigenen Handlungen und Entscheidungen bewusst zu reflektieren und nach Wegen zu suchen, das Leben im Einklang mit den göttlichen Prinzipien zu gestalten. Eine bewusste Lebensführung trägt zur spirituellen und moralischen Entwicklung bei und fördert ein erfülltes und sinnerfülltes Leben.

Zusammengefasst bedeutet die Integration des Glaubens im Alltag, die Prinzipien und Werte des Glaubens aktiv zu leben und in den täglichen Entscheidungen und Handlungen umzusetzen. Durch Gebet, Meditation, das Lesen heiliger Schriften, die Teilnahme an religiösen Gemeinschaften, den Dienst an anderen, ethischen reinen Aktivitäten, Selbstdisziplin, Dankbarkeit und bewusste Lebensführung kann der Glaube an Gott im Alltag verankert werden und zu einem erfüllten und sinnvollen Leben beitragen.

Stärkung von Familien und Gemeinschaften:

Der Glaube an Gott hat nicht nur individuelle, sondern auch kollektive Auswirkungen. Er kann Familien und Gemeinschaften stärken, indem er gemeinsame Werte und Ziele fördert und den sozialen Zusammenhalt unterstützt. Diese kollektiven Aspekte des Glaubens sind entscheidend für die Schaffung einer gerechten und mitfühlenden Gesellschaft.

Gemeinsame Werte und Ziele:

Gemeinsame Werte und Ziele sind das Fundament jeder stabilen und harmonischen Gemeinschaft. Der Glaube an Gott bietet eine klare und unveränderliche Basis für solche Werte und Ziele. Indem Familien und Gemeinschaften sich an göttlichen Prinzipien orientieren, können sie eine gemeinsame Richtung und ein gemeinsames Verständnis entwickeln.

Förderung von Zusammenhalt: Gemeinsame Werte und Ziele fördern den Zusammenhalt innerhalb von Familien und Gemeinschaften. Sie bieten eine gemeinsame Grundlage, auf der sich die Mitglieder orientieren und auf die sie sich verlassen können. Dies schafft ein Gefühl der Zugehörigkeit und des Zusammenhalts.

Verstärkung der Familienstruktur: Der Glaube an Gott kann die Familienstruktur stärken, indem er klare Rollen und Verantwortlichkeiten definiert. Eltern, die ihren Glauben aktiv leben, geben ihren Kindern moralische Orientierung und ein stabiles Umfeld. Gemeinsame religiöse Praktiken wie Gebet und Gottesdienstbesuche fördern die Bindung und das Verständnis innerhalb der Familie.

Gemeinsame Ziele: Der Glaube an Gott fördert gemeinsame Ziele, die über individuelle Interessen hinausgehen. Diese Ziele können karitative Projekte, Gemeinschaftsveranstaltungen oder soziale Initiativen umfassen. Solche gemeinsamen Bestrebungen stärken das Gemeinschaftsgefühl und fördern die Zusammenarbeit.

Unterstützung und Zusammenhalt:

Der Glaube an Gott kann Gemeinschaften unterstützen und den sozialen Zusammenhalt stärken, indem er Mitgefühl, Fürsorge und Solidarität fördert. Diese Werte sind entscheidend für das Wohl einer Gemeinschaft und tragen dazu bei, ein unterstützendes und harmonisches Umfeld zu schaffen.

Förderung von Mitgefühl und Fürsorge: Der Glaube an Gott betont die Bedeutung von Mitgefühl und Fürsorge für andere. Gläubige Gemeinschaften sind oft aktiv in der Unterstützung Bedürftiger und setzen sich für soziale Gerechtigkeit ein. Diese Aktivitäten stärken den sozialen Zusammenhalt und fördern eine Kultur der Solidarität.

Schaffung von Unterstützungsnetzwerken: Religiöse Gemeinschaften bieten ein Netzwerk der Unterstützung, das den Mitgliedern in schwierigen

Zeiten zur Seite steht. Diese Netzwerke bieten emotionale, spirituelle und praktische Unterstützung und tragen dazu bei, das Wohlbefinden der Gemeinschaftsmitglieder zu fördern.

Stärkung des sozialen Zusammenhalts: Der Glaube an Gott kann den sozialen Zusammenhalt stärken, indem er gemeinsame Rituale und Praktiken fördert. Gemeinsame Gottesdienste, Feste und religiöse Feiern schaffen Gelegenheiten für den Austausch und die Stärkung der Gemeinschaft. Diese gemeinsamen Erlebnisse fördern das Gefühl der Zusammengehörigkeit und unterstützen den Aufbau starker sozialer Bindungen.

Förderung von moralischer Integrität: Gemeinschaften, die sich an göttlichen Werten orientieren, fördern moralische Integrität und ethisches Verhalten. Diese Werte sind entscheidend für das Vertrauen und den Respekt innerhalb der Gemeinschaft. Indem sie moralische Vorbilder und ethische Standards setzen, tragen religiöse Gemeinschaften zur Schaffung einer gerechten und harmonischen Gesellschaft bei.

Zusammengefasst kann der Glaube an Gott Familien und Gemeinschaften stärken, indem er gemeinsame Werte und Ziele fördert und den sozialen Zusammenhalt unterstützt. Durch die Orientierung an göttlichen Prinzipien können Gemeinschaften Mitgefühl, Fürsorge und Solidarität entwickeln und ein unterstützendes und harmonisches Umfeld schaffen. Diese kollektiven Aspekte des Glaubens sind entscheidend für die Schaffung einer gerechten und mitfühlenden Gesellschaft.

Exkurs: Fehlverhalten in Kirchen und religiösen Gemeinschaften

Der Vollständigkeit halber soll an dieser Stelle nicht unerwähnt bleiben, dass Kirchen und religiöse Gemeinschaften in der jüngeren Vergangenheit immer wieder mit negativen Meldungen über unmoralisches Verhalten, bis hin zu Fällen von Kindesmissbrauch, konfrontiert wurden. Diese Vorwürfe sind ernst zu nehmen und erfordern eine sorgfältige und transparente Aufarbeitung. Es liegt in der Verantwortung der Kirchen, solche Vorfälle nicht nur aufzuklären, sondern auch sicherzustellen, dass sie sich nicht wiederholen. Es ist ein zentraler Bestandteil der kirchlichen und religiösen Ethik, sich den eigenen Verfehlungen zu stellen und daraus zu lernen.

Der Autor dieses Buches hat in seinen persönlichen Erfahrungen, beispielsweise in kirchlichen Einrichtungen und Internaten, keine derartigen Erlebnisse gehabt. Dennoch sind die Anschuldigungen und die Möglichkeit, dass solche Vergehen stattgefunden haben könnten, nicht von der Hand zu weisen. Dass menschliche Fehler und moralisches Versagen auch innerhalb von religiösen Institutionen vorkommen, liegt in der Natur des Menschen und unterstreicht die Notwendigkeit einer ständigen ethischen Selbstprüfung.

Allerdings sollten diese Vorkommnisse im Kontext des modernen und postmodernen Zeitgeists betrachtet werden. In einer Gesellschaft, in der alle Werte und Normen zunehmend relativiert werden und die bedingungslose persönliche Freiheit als höchstes Gut propagiert wird, stellen Kirchen und religiöse Gemeinschaften eine Gegenmacht dar. Sie stehen für absolute Werte und Normen und vertreten die Sache des unwandelbaren, transzendenten Gottes in der von ihm geschaffenen Welt. Daher sind sie oft Zielscheibe von Kritik und Angriffen, die darauf abzielen, ihre moralische Autorität zu untergraben.

Es ist denkbar, dass die ständige Wiederholung dieser Vorwürfe und die damit einhergehende negative Berichterstattung teilweise auch dazu genutzt werden, um das Ansehen der Kirchen systematisch zu beschädigen. Solche Vorwürfe sind besonders wirksam, weil sie die Glaubwürdigkeit der Institutionen, die eigentlich moralische Vorbilder sein sollten, direkt in Frage stellen.

Abschließend sei betont, dass trotz dieser Herausforderungen die Kirchen und religiösen Gemeinschaften nach wie vor eine unverzichtbare Rolle spielen, indem sie die von Gott gegebenen ethischen Prinzipien und moralischen Leitlinien in der Gesellschaft vertreten. Die kritische Auseinandersetzung mit eigenen Fehlern ist dabei nicht nur notwendig, sondern auch ein Ausdruck des Bestrebens, dem göttlichen Ideal näher zu kommen. Es ist wichtig, dass sich die Gläubigen von den Verfehlungen Einzelner nicht vom Weg des Glaubens abbringen lassen, sondern sich umso mehr an den unveränderlichen Werten orientieren, die von Gott vorgegeben sind.

2.6 Die Rolle von Heiligkeit und Transzendenz im Glaubensleben

Einführung:

Gott ist transzendent und immanent, aber nie profan. Darum darf auch die Verehrung, die Anrufung und das Gebet nicht profan sein. Mit Gott in

Verbindung zu treten, muss immer etwas Besonderes und Heiliges sein. Die säkulare Welt neigt dazu, alles zu profanisieren, und auch die Kirchen haben zunehmend die Tendenz, Gottesdienste und Heilige Messen zu profanisieren. Dies ist für den Glauben und die Entwicklung des Glaubens jedoch kontraproduktiv. In diesem Kapitel wird erläutert, warum Heiligkeit und Transzendenz essenziell sind und wie sie im täglichen Glaubensleben bewahrt werden können.

Bedeutung der Heiligkeit und Transzendenz:

Heiligkeit als Kern des Glaubens

Heilige Räume und Zeiten: Der Glaube verlangt nach heiligen Räumen und Zeiten, die von der Profanität des Alltags getrennt sind. Kirchen, Kathedralen und bestimmte Zeiten wie der Sonntag oder religiöse Feiertage sind Beispiele für solche heiligen Orte und Zeiten.

Heilige Handlungen: Sakramente und Rituale, wie die Heilige Messe, die Taufe oder die Firmung, sind Ausdruck der Heiligkeit und müssen entsprechend mit Respekt und Ehrfurcht durchgeführt werden.

Gefahr der Profanität

Verlust der Heiligkeit: Wenn religiöse Handlungen und Räume profanisiert werden, verliert der Glaube seine Tiefe und Bedeutung. Eine profane Sichtweise kann den Zugang zur Transzendenz und zur tiefen spirituellen Erfahrung verhindern.

Alltägliche Profanität: Die ständige Vermischung des Profanen mit dem Heiligen kann zu einer Banalisierung des Glaubens führen, wodurch die Gläubigen die besondere Bedeutung ihrer spirituellen Praktiken nicht mehr erkennen.

Praktische Tipps zur Bewahrung der Heiligkeit:

Achtsamkeit und Respekt

Vorbereitung auf Gottesdienste: Bereiten Sie sich innerlich auf den Gottesdienst vor, indem Sie sich bewusst Zeit nehmen, zur Ruhe zu kommen und sich auf die Begegnung mit Gott einzustimmen.

Respektvolle Teilnahme: Nehmen Sie an Gottesdiensten und heiligen Handlungen mit der gebotenen Ehrfurcht und Aufmerksamkeit teil. Vermeiden Sie Ablenkungen und respektieren Sie die heiligen Räume und Zeiten.

Gebet und Meditation

Andachtsvoll beten: Behandeln Sie Ihr Gebet als heilige Zeit. Suchen Sie einen ruhigen und respektvollen Ort zum Beten und gestalten Sie Ihr Gebet mit tiefer Hingabe und Ernsthaftigkeit. Um die Heiligkeit des Gebets noch stärker zu betonen, kann es hilfreich sein, in der eigenen Wohnung einen "heiligen Ort" zu schaffen. Dies kann ein kleiner Altar oder eine besondere Ecke sein, in der Sie heilige Bilder, Statuen von Heiligen oder ein Kreuz aufstellen. Das Anzünden einer Kerze vor Beginn des Gebets kann symbolisieren, dass Sie in einen Zustand der Andacht und Transzendenz eintreten und sich mit der heiligen Welt verbinden.

Meditation und Kontemplation: Nutzen Sie die Meditation, um sich auf die Heiligkeit und Transzendenz Gottes zu konzentrieren. Diese Praxis kann helfen, den Unterschied zwischen dem Profanen und dem Heiligen besser zu verstehen und zu leben. Die Umgebung Ihres "heiligen Ortes" kann auch während der Meditation eine wertvolle Unterstützung sein, um die spirituelle Atmosphäre zu vertiefen und Ihre innere Ausrichtung zu stärken.

Erziehung und Vermittlung

Glaubensbasierte Erziehung: Vermitteln Sie Ihren Kindern die Bedeutung der Heiligkeit im Glauben. Lehren Sie sie, heilige Handlungen und Orte zu respektieren und die Transzendenz Gottes zu erkennen.

Vorbildfunktion: Seien Sie selbst ein Vorbild für die Bewahrung der Heiligkeit. Ihre eigene Haltung und Ihr Verhalten können anderen zeigen, wie wichtig es ist, das Heilige im Glaubensleben zu bewahren.

Traditionelle Kräfte in der katholischen Kirche:

Die traditionell orientierten Kräfte, besonders in der katholischen Kirche, wie z.B. die Piusbruderschaft, die Petrusbruderschaft und das Institut Christus König und Hohepriester, kümmern sich in besonderer Weise darum, die Heiligkeit und Transzendenz der sakralen Elemente der Kirche, allen voran der Heiligen Messe, dauerhaft zu bewahren. Diese Gemeinschaften halten die Heilige Messe im seit vielen Jahrhunderten überlieferten tridentinischen Ritus in Latein ab. Dies gibt den Messfeiern eine besondere und bewusst sakrale Atmosphäre, die auf die Herrlichkeit Gottes und seine Transzendenz hinweist. Diese Gemeinschaften unterhalten

Gemeinden in vielen Städten Deutschlands, Europas und der Welt. Dort kann man die traditionelle christliche Spiritualität erleben, die in modernen Gemeinden häufig nicht mehr anzutreffen ist. Es ist empfehlenswert, gelegentlich diese Orte und Gemeinden aufzusuchen, um eine Festigung und Stärkung des Glaubens und der Beziehung zu Gott zu erhalten.

Schlussfolgerung:

Die Bewahrung der Heiligkeit und Transzendenz ist entscheidend für ein tiefes und erfülltes Glaubensleben. In einer Welt, die dazu neigt, alles zu profanisieren, ist es wichtig, bewusste Anstrengungen zu unternehmen, um das Heilige zu bewahren und zu fördern. Dies hilft nicht nur, den Glauben zu vertiefen, sondern auch, eine tiefere Verbindung zu Gott zu finden und die spirituelle Reise authentisch und bedeutungsvoll zu gestalten.

2.7 Fazit des Kapitels

Zusammenfassung der wichtigsten Punkte:

In diesem Kapitel haben wir die Möglichkeit eines Auswegs aus der Krise der modernen und postmodernen Gesellschaften durch den bewussten

Glauben an einen personalen Gott untersucht. Die zentralen Argumente und Erkenntnisse sind:

Glaube als rationale Entscheidung: Wir haben dargelegt, dass der Glaube an einen personalen Gott eine bewusste und rationale Entscheidung sein kann. Philosophische und wissenschaftliche Argumente unterstützen diesen Glauben und zeigen, dass er eine vernünftige und fundierte Grundlage bietet.

Philosophische und wissenschaftliche Begründungen: Wir haben verschiedene philosophische Argumente (kosmologisches Argument, teleologisches Argument) und wissenschaftliche Überlegungen (Informationskomplexität der DNA, Feinabstimmung des Universums) untersucht, die den Glauben an Gott unterstützen.

Pragmatische Gründe: Der Glaube an Gott bietet zahlreiche pragmatische Vorteile, darunter Sinn und Zweck des Lebens, moralische Orientierung, Gemeinschaft und Zugehörigkeit, psychisches Wohlbefinden und soziale Verantwortung.

Transzendente Werte und Normen: Wir haben die Bedeutung transzendenter Werte und Normen betont, die unabhängig von kulturellen und individuellen Präferenzen bestehen. Diese Werte bieten eine stabile Grundlage für moralisches und ethisches Verhalten und stehen im Gegensatz zur Relativität der modernen Welt.

Glaube an einen personalen Gott: Wir haben die Charakteristika eines personalen Gottes beschrieben und erklärt, wie die Beziehung zwischen Gott und Mensch gestaltet ist. Diese Beziehung basiert auf göttlicher Liebe, Kommunikation, Geboten und menschlicher Verantwortung.

Individuelle und kollektive Verantwortung: Der Glaube an Gott stärkt sowohl die individuelle als auch die kollektive Verantwortung. Dies fördert die moralische Integrität des Einzelnen und den sozialen Zusammenhalt der Gemeinschaft.

Praktische Umsetzung des Glaubens: Wir haben erläutert, wie der Glaube im Alltag integriert werden kann, durch Gebet, Meditation, Lesen heiliger Schriften, Teilnahme an religiösen Gemeinschaften, Nächstenliebe und ethische Entscheidungen.

Stärkung von Familien und Gemeinschaften: Der Glaube an Gott fördert gemeinsame Werte und Ziele, die den Zusammenhalt und die Solidarität innerhalb von Familien und Gemeinschaften stärken. Religiöse Gemeinschaften bieten Unterstützung und schaffen ein unterstützendes und harmonisches Umfeld.

Letztlich haben wir auf die Rolle von Heiligkeit und Transzendenz im Glaubensleben hingewiesen und davor gewarnt, den Glauben und den Umgang mit Gott zu etwas Profanem werden zu lassen. Gott ist transzendent und immanent, aber niemals profan! Er ist heilig und unser Umgang mit ihm muss dies stets widerspiegeln.

Übergang zu praktischen Beispielen und Erfolgsgeschichten:

Nachdem wir die theoretischen Grundlagen und die praktische Umsetzung des Glaubens an einen personalen Gott untersucht haben, wollen wir im nächsten Kapitel konkrete Beispiele und Erfolgsgeschichten vorstellen. Diese Geschichten werden zeigen, wie Menschen und Gemeinschaften den Glauben in ihr Leben integriert haben und welche positiven Veränderungen daraus resultierten.

Wir werden Geschichten von Einzelpersonen, Familien und Gemeinschaften teilen, die ihren Glauben erfolgreich leben und dabei Herausforderungen überwunden haben. Diese Beispiele sollen inspirieren und ermutigen, den Glauben an Gott aktiv in den eigenen Alltag zu integrieren. Sie bieten prakti-sche Einblicke und zeigen, wie der bewusste Glau-bensakt zu einem erfüllten und sinnerfüllten Leben führen kann.

Kapitel 3: Praktische Beispiele und Inspirationen

3.1 Einführung

Zweck und Ziel des Kapitels:

In den vorangegangenen Kapiteln haben wir die theoretischen Grundlagen des Glaubens an einen personalen Gott und die Bedeutung transzendenter Werte und Normen umfassend behandelt. In diesem Kapitel möchten wir den Leser dazu ermutigen, die Theorie in die Praxis umzusetzen und zu zeigen, wie der Glaube im täglichen Leben gelebt werden kann.

Praktische Beispiele und Inspirationen sind entscheidend, um zu verdeutlichen, dass der Glaube nicht nur abstrakte Konzepte umfasst, sondern auch konkrete, lebensverändernde Auswirkungen haben kann. Durch das Teilen realer Geschichten von Einzelpersonen und Familien möchten wir aufzeigen, wie der Glaube an Gott Menschen in verschiedenen Lebenssituationen unterstützt, stärkt und inspiriert hat. Diese Beispiele sollen Mut machen und zeigen, dass es möglich ist, den Glauben aktiv in das eigene Leben zu integrieren und dabei positive Veränderungen zu erleben.

Überblick über die kommenden Inhalte:

Dieses Kapitel ist in mehrere Abschnitte unterteilt, die verschiedene Aspekte der praktischen Umsetzung des Glaubens beleuchten:

Rückkehrerlebnisse und persönliche Transformationen: Hier teilen wir inspirierende Geschichten von Einzelpersonen und Familien, die durch ihren bewussten Glauben an Gott tiefgreifende Veränderungen in ihrem Leben erfahren haben. Diese Berichte zeigen, wie der Glaube Menschen helfen kann, persönliche Krisen zu überwinden und ein erfüllteres Leben zu führen.

Prinzipien und Praktiken für den Alltag: In diesem Abschnitt werden wir verschiedene spirituelle Praktiken und Prinzipien vorstellen, die helfen können, den Glauben im Alltag zu leben. Dazu gehören Gebet und Meditation, gemeinsame religiöse Rituale sowie ethische und moralische Leitlinien.

Gemeinschaft und Unterstützung: Der Glaube wird oft in Gemeinschaft gelebt und verstärkt. Hier betrachten wir die Rolle der religiösen Gemeinschaften, die Unterstützung und das Gefühl der Zugehörigkeit, das sie bieten, sowie Beispiele für gemeinschaftliches Engagement und soziale Projekte.

Reflexion und Anwendung: Zum Abschluss des Kapitels werden wir die wesentlichen Lektionen und Erkenntnisse zusammenfassen und praktische Tipps geben, wie die vorgestellten Prinzipien und Beispiele im eigenen Leben umgesetzt werden können.

Durch diese Struktur möchten wir den Leser nicht nur informieren, sondern auch inspirieren und motivieren, den Glauben aktiv zu leben und die positiven Veränderungen zu erleben, die daraus resultieren können. Die folgenden Abschnitte werden detailliert aufzeigen, wie der Glaube an Gott in verschiedenen Lebensbereichen praktisch umgesetzt werden kann.

3.2 Rückkehrerlebnisse und persönliche Transformationen

Der bewusste Glaube an Gott kann das Leben eines Menschen tiefgreifend verändern. Hier sind einige inspirierende Geschichten von Personen, die durch ihre Bekehrung zum Glauben bedeutende Veränderungen erfahren haben.

- C.S. Lewis, ein angesehener Schriftsteller und Theologe, war ursprünglich ein überzeugter Atheist. Seine Reise zum Christentum begann mit tiefen philosophischen und spirituellen Fragen, die er nicht ignorieren konnte. In seinem Buch "Überrascht von Freude" beschreibt Lewis seine Bekehrungserfahrung und wie der Glaube sein Leben veränderte. Er fand Trost und Sinn im christlichen Glauben und widmete den Rest seines Lebens der Verbreitung seiner Überzeugungen durch seine Schriften und Vorträge.

- Der heilige Augustinus, einer der einflussreichsten Kirchenväter, führte lange Zeit ein ausschweifendes Leben und suchte nach der Wahrheit in verschiedenen philosophischen Lehren. Seine Bekehrung zum Christentum, die er in seinen "Confessiones" beschreibt, war ein Wendepunkt in seinem Leben. Durch die Gnade Gottes fand Augustinus zum Glauben und widmete sein Leben der Kirche. Seine Schriften und theologischen Einsichten prägen das Christentum bis heute.

- John Newton, der Autor des berühmten Kirchenlieds "Amazing Grace", war einst ein Sklavenhändler. Seine Bekehrung zum Christentum war eine tiefgreifende Erfahrung, die ihn dazu brachte, sein Leben radikal zu ändern. Newton erkannte die Verwerflichkeit der Sklaverei und setzte sich fortan für die Abschaffung ein. Seine Geschichte ist ein kraftvolles Zeugnis für die transformative Kraft des

Glaubens und die Möglichkeit der Vergebung und Erneuerung.

- Lee Strobel, ein preisgekrönter Journalist und überzeugter Atheist, machte sich daran, den christlichen Glauben zu widerlegen. Seine intensiven Recherchen führten jedoch zu seiner eigenen Bekehrung, die er in dem Buch "Der Fall für Jesus" beschreibt. Strobel fand durch seine Untersuchungen zum Glauben und widmete sein Leben der Verteidigung des christlichen Glaubens. Seine Geschichte zeigt, wie intellektuelle Ehrlichkeit und die Suche nach Wahrheit zum Glauben führen können.

- Nicky Cruz, ein gewalttätiger Gangführer in New York, erlebte eine dramatische Bekehrung durch die Begegnung mit dem christlichen Evangelisten David Wilkerson. Seine Geschichte, die in dem Buch "Run Baby Run" erzählt wird, zeigt die transformative Kraft des Glaubens. Cruz fand durch den Glauben neuen Sinn und Zweck und widmete sein Leben der Arbeit mit gefährdeten Jugendlichen und der Verbreitung des Evangeliums.

- Ayaan Hirsi Ali, eine prominente Kritikerin des Islam und ehemalige Atheistin, hat kürzlich ihren Glauben an das Christentum öffentlich bekannt gegeben. Ihre Bekehrung ist bemerkenswert, da sie zuvor eng mit prominenten Atheisten wie Richard Dawkins und Christopher Hitchens zusammenarbeitete. Hirsi Ali erklärte, dass ihre Entscheidung, Christin zu werden, sowohl spirituelle als auch kulturelle Gründe hatte. Sie sieht das Christentum als eine Quelle von Werten und Traditionen, die die westliche Zivilisation gestärkt haben. Ihre Bekehrung war eine bewusste Wahl, die von ihrem Wunsch getrieben wurde, eine sinnvolle und einheitliche Grundlage für ihr Leben und die Gesellschaft zu finden.

- Tammy Peterson, die Ehefrau des bekannten Psychologen und Autors Jordan B. Peterson, erlebte ihre Bekehrung zum Christentum im Zuge einer schweren Erkrankung. Inmitten ihrer gesundheitlichen Krise fand Tammy Trost und Sinn im christlichen Glauben. Ihr Mann, Jordan Peterson, hat in verschiedenen Interviews über den Einfluss gesprochen, den der christliche Glaube auf ihre Familie und ihre gemeinsame Bewältigung der Krankheit hatte. Tammy Petersons Bekehrung war ein tiefgreifender persönlicher Wandel, der ihr in einer extrem schwierigen Zeit Halt und Hoffnung gab.

- Eva Vlaardingerbroek, eine niederländische politische Kommentatorin und Aktivistin, fand während der COVID Pandemie zum katholischen Glauben.

Ihre Bekehrung war das Ergebnis intensiven spirituellen Suchens. Besonders angezogen fühlte sie sich von der Lehre der Transsubstantiation, die sie früher als Protestantin abgelehnt hatte. Ihre Konversion fand während einer Weihnachtsmesse statt und hat ihr politisches und soziales Engagement stark beeinflusst. Für Eva ist der Glaube nicht nur eine persönliche Angelegenheit, sondern ein Antrieb für ihre Arbeit als politische Kommentatorin und Aktivistin.

- Auch der Autor selbst kann davon berichten, wie er nach Jahrzehnten außerhalb der christlichen Kirche zum Gott des Christentums, zur christlichen Kirche und zur christlichen Tradition zurückgefunden hat. Zwar christlich getauft und aufgewachsen, kehrte er als junger Mann, dem Zeitgeist folgend, der Kirche und der christlichen Religion den Rücken und suchte den Sinn des Lebens in esoterischen Praktiken, fernöstlichen Philosophien und sonstigen Heilslehren. Er schrieb sogar Bücher über Yoga und Vedanta, Reinkarnationstechniken und mittelamerikanische Zauberer.

Eines Tages jedoch, während er an einer spirituellen Veranstaltung im Tempel einer fernöstlichen Glaubensgemeinschaft teilnahm, wurde ihm plötzlich mit aller Macht klar, dass er dort fehl am Platz war. Als getaufter Christ und in der christlichen Tradition sozialisierter Mensch fühlte er sich in einem fernöstlichen Kult nicht wirklich zuhause. Trotz seines intellektuellen Wissens über die dort praktizierten Riten und religiösen Inhalte besaß er keinen inneren, seelischen oder kulturellen Zugang dazu.

Diese Erkenntnis führte ihn dazu, die Veranstaltung zu verlassen, nach Hause zu fahren und wieder in die christliche Kirche einzutreten, die er als junger Mann verlassen hatte. Seine Rückkehr zu Gott empfand und empfindet er tatsächlich so, wie es im Gleichnis vom verlorenen Sohn von Jesus Christus im Neuen Testament beschrieben wird. Es war ein Nachhausekommen – endlich, nach langer Zeit und langer Suche, war er am Ziel.

Diese Geschichten verdeutlichen, wie der bewusste Glaube an Gott das Leben tiefgreifend verändern kann. Sie bieten inspirierende Beispiele für die transformative Kraft des Glaubens und ermutigen dazu, den eigenen Glauben aktiv zu leben.

3.3 Prinzipien und Praktiken für den Alltag

Gebet und Meditation

Die Rolle des Gebets und der Meditation im täglichen Leben:
Gebet und Meditation sind zentrale Praktiken im täglichen Leben eines Gläubigen. Sie bieten nicht nur Momente der Ruhe und Besinnung, sondern helfen auch, eine tiefere Verbindung zu Gott und eine klare Orientierung im Alltag zu finden. Durch das Gebet öffnet der Gläubige einen Dialog mit Gott, in dem er Dankbarkeit, Bitten und Reflexionen ausdrückt. Das tägliche Gebet hilft, innere Konflikte zu lösen und Trost in schwierigen Zeiten zu finden.

Beispielhafte Praxis:

Morgengebet: Beginnen Sie den Tag mit einem kurzen Gebet, um Dankbarkeit für das Leben und die bevorstehenden Aufgaben auszudrücken. Das "Vater unser" oder das "Ave Maria" sind traditionelle Gebete, die den Tag spirituell ausrichten können.

Mittagsmeditation: Nehmen Sie sich in der Mitte des Tages Zeit für eine kurze Meditation. Dies kann helfen, den Geist zu klären und sich erneut auf die wesentlichen Dinge zu konzentrieren.

Das "Angelus" Gebet, das im traditionellen Christentum dreimal täglich gebetet wird, ist eine wunderbare Möglichkeit, sich wieder auf Gott zu besinnen.

Abendgebet: Schließen Sie den Tag mit einem Abendgebet ab, in dem Sie den Tag reflektieren, Dankbarkeit für die Erlebnisse ausdrücken und um Führung für den nächsten Tag bitten. Der "Rosenkranz" bietet eine tiefgehende und meditative Möglichkeit, den Tag im Gebet abzuschließen.

Tischgebet: Vor den Mahlzeiten ein kurzes Dankgebet zu sprechen, wie "*Komm, Herr Jesus, sei unser Gast und segne was Du uns beschert hast.*", ist eine einfache Praxis, um Gott für seine Gaben zu danken und ihn im Alltag zu integrieren.

Gemeinsame religiöse Rituale

Wie gemeinsame religiöse Praktiken Familien und Gemeinschaften stärken:
Gemeinsame religiöse Rituale spielen eine entscheidende Rolle in der Stärkung von Familien und Gemeinschaften. Diese Rituale fördern ein Gefühl der Zugehörigkeit und des gemeinsamen Ziels. Durch das Teilen religiöser Erfahrungen und

Praktiken wird die spirituelle Bindung innerhalb der Familie und der Gemeinschaft vertieft.

Beispielhafte Rituale:

Familienandachten: Regelmäßige Andachten mit der Familie stärken die spirituelle Einheit und bieten eine Gelegenheit, über Glaubensfragen zu sprechen. Das gemeinsame Beten des "Rosenkranzes" kann eine tiefe spirituelle Erfahrung und ein Mittel zur Stärkung der familiären Bindungen sein.

Gemeindeveranstaltungen: Die Teilnahme an Gottesdiensten, Bibelkreisen und anderen Gemeindeaktivitäten fördert das Gemeinschaftsgefühl und bietet Unterstützung durch die Glaubensgemeinschaft.

Feiern von religiösen Festen: Das gemeinsame Feiern von Festen wie Weihnachten, Ostern oder Pfingsten stärkt die familiären und gemeinschaftlichen Bindungen und bietet eine Gelegenheit zur Reflexion über den Glauben und seine Bedeutung im täglichen Leben. Im katholischen Kalender gibt es zahlreiche weitere Feste zu Ehren von Heiligen und der Jungfrau Maria, wie z.B. den Marienmonat Mai, in dem regelmäßige Marienandachten stattfinden.

Ethik und Moral im Alltag

Die Bedeutung von ethischen und moralischen Prinzipien im täglichen Leben:
Ethische und moralische Prinzipien sind essenziell für ein geordnetes und sinnvolles Leben. Der Glaube an Gott bietet eine feste Grundlage für diese Prinzipien und hilft, sie konsequent im Alltag zu leben. Durch die Orientierung an göttlichen Geboten und Lehren kann der Gläubige ethisch handeln und ein Vorbild für andere sein.

Beispielhafte Prinzipien:

Nächstenliebe: Praktizieren Sie Nächstenliebe, indem Sie anderen Menschen mit Mitgefühl, Respekt und Hilfsbereitschaft begegnen. Dies kann durch kleine Gesten der Freundlichkeit, aber auch durch freiwillige Arbeit und Unterstützung Bedürftiger geschehen.

Ehrlichkeit und Integrität: Leben Sie nach den Prinzipien der Ehrlichkeit und Integrität, indem Sie in all Ihren Handlungen und Entscheidungen transparent und aufrichtig sind. Dies schafft Vertrauen und Respekt in Ihren sozialen und beruflichen Beziehungen.

Vergebung: Üben Sie Vergebung gegenüber denen, die Ihnen Unrecht getan haben. Dies befreit nicht nur Sie selbst von negativen Gefühlen, sondern fördert auch den Frieden und die Versöhnung innerhalb Ihrer Gemeinschaft.

Hinweis: Eine kleine Auswahl von traditionellen christlichen Gebeten und Andachten finden Sie im nachfolgenden 4. Kapitel. Diese Gebete können Ihnen helfen, Ihren spirituellen Alltag zu gestalten und Ihre Verbindung zu Gott zu vertiefen.

Diese Prinzipien und Praktiken bieten konkrete Wege, den Glauben im Alltag zu integrieren und zu leben. Sie helfen nicht nur, eine tiefere spirituelle Verbindung zu Gott zu pflegen, sondern stärken auch die familiären und gemeinschaftlichen Bindungen und fördern ein ethisch und moralisch geführtes Leben.

3.4 Gemeinschaft und Unterstützung

Rolle der Gemeinde

Wie die Teilnahme an einer religiösen Gemeinschaft Unterstützung und Gemeinschaftsgefühl bietet:

Die Teilnahme an einer religiösen Gemeinschaft bietet zahlreiche Vorteile, die weit über den rein spirituellen Bereich hinausgehen. Religiöse Gemeinden bieten ein starkes Gefühl der Zugehörigkeit und des Zusammenhalts. Sie dienen als Netzwerke der Unterstützung, die den Mitgliedern in schwierigen Zeiten beistehen und ihnen helfen, sich im Alltag zurechtzufinden. Innerhalb der Gemeinschaft entstehen Freundschaften und Verbindungen, die oft ein Leben lang halten.

Beispielhafte Aspekte:

Gemeinsame Gottesdienste: Die regelmäßige Teilnahme an Gottesdiensten stärkt das Gemeinschaftsgefühl und bietet die Möglichkeit, gemeinsam zu beten und zu feiern.

Seelsorge: Religiöse Gemeinden bieten seelsorgerische Unterstützung durch Pastoren, Priester und andere geistliche Leiter. Diese Unterstützung kann in Form von Gesprächen, Gebeten und praktischer Hilfe erfolgen.

Bildungsangebote: Viele Gemeinden bieten religiöse Bildungsangebote wie Bibelstunden, Glaubenskurse und Vorträge an, die den Glauben vertiefen und das Wissen über religiöse Inhalte erweitern.

Soziale Projekte und Engagement

Beispiele von sozialen Projekten und Engagement, die durch den Glauben inspiriert wurden:
Religiöse Gemeinschaften sind oft stark im sozialen Engagement und in der Unterstützung Bedürftiger aktiv. Inspiriert durch ihren Glauben setzen sich die Mitglieder für verschiedene soziale Projekte ein, die das Wohl der Gemeinschaft und der Gesellschaft insgesamt fördern.

Beispielhafte Projekte:

Suppenküchen und Tafeln: Viele Kirchen betreiben Suppenküchen und Tafeln, die Bedürftige mit Lebensmitteln und warmen Mahlzeiten versorgen. Diese Projekte werden häufig durch ehrenamtliche Helfer unterstützt, die ihre Zeit und Ressourcen spenden.

Flüchtlingshilfe: Religiöse Gemeinden engagieren sich oft in der Unterstützung von Flüchtlingen und Migranten. Sie bieten Sprachkurse, rechtliche Beratung und praktische Hilfe an, um den Neuankömmlingen bei der Integration zu helfen.

Obdachlosenhilfe: Kirchen und religiöse Organisationen bieten Schlafplätze, medizinische Versorgung und Beratungsdienste für Obdachlose an. Diese Initiativen zielen darauf ab, Menschen in Not eine Perspektive und Unterstützung zu bieten.

Exkurs: Missbrauch karitativer Ansätze durch säkulare Kräfte

Es ist uns bewusst, dass die christlichen Prinzipien der Nächstenliebe und Hilfe für Bedürftige in der heutigen Gesellschaft häufig instrumentalisiert werden, um politische und soziale Agenden zu unterstützen, die nicht immer im Einklang mit den christlichen Grundwerten stehen. Insbesondere die Flüchtlingshilfe und die Unterstützung von Migranten sind oft Gegenstand politischer Debatten und werden von säkularen Kräften dazu genutzt, eine Politik der unlimitierten Zuwanderung zu fördern. Dies führt nicht selten zu sozialen Spannungen und Problemen in den Aufnahmeländern.

Dennoch sollten diese Missbräuche nicht dazu führen, dass die grundlegenden christlichen Werte und karitativen Handlungen in Frage gestellt oder abgewertet werden. Die christliche Nächstenliebe bleibt ein zentrales Gebot unseres Glaubens, das unabhängig von den politischen und sozialen Missbräuchen gültig bleibt. Es ist jedoch wichtig, diese

Nächstenliebe im richtigen Kontext zu verstehen und zu praktizieren.

Unser Nächster ist nicht nur der Fremde, sondern auch der Mensch in unserem direkten Umfeld – unsere Nachbarn, unsere Freunde, unsere Familien. Christliche Hilfe sollte stets darauf abzielen, konkrete, direkte Unterstützung zu leisten, die im Einklang mit den christlichen Werten und Geboten steht. Dies bedeutet, dass wir uns um diejenigen kümmern, die uns im wahrsten Sinne des Wortes „über den Weg laufen", die in unserem unmittelbaren Lebensumfeld leben und unsere direkte Hilfe benötigen.

Christliche karitative Arbeit bleibt wichtig und richtig, aber sie sollte immer auch mit Bedacht und in einem ausgewogenen Verhältnis zu den Bedürfnissen unserer eigenen Gemeinschaft und unserer Gesellschaft durchgeführt werden. Nur so können wir sicherstellen, dass die Nächstenliebe nicht missbraucht wird, sondern ihren wahren Zweck erfüllt – die bedingungslose Hilfe für denjenigen, der sie wirklich benötigt, in Übereinstimmung mit Gottes Geboten.

Erfahrungen aus der Gemeinschaft

Berichte von Gemeindemitgliedern über ihre Erfahrungen und die Unterstützung, die sie durch die Gemeinschaft erhalten haben:

Berichte und Erfahrungen von Gemeindemitgliedern zeigen, wie bedeutend und hilfreich die Unterstützung innerhalb einer religiösen Gemeinschaft sein kann. Hier sind einige Beispiele:

Brian Birdwell: Brian war im Pentagon, als es am 11. September 2001 von einem Flugzeug getroffen wurde. Mit schweren Verbrennungen an 60 % seines Körpers überlebte er knapp und musste fast 40 rekonstruktive Operationen durchlaufen. Durch die Unterstützung seiner Gemeinde und seinen Glauben fand Brian die Kraft, weiterzumachen und schließlich in den texanischen Senat gewählt zu werden.

Tyrone Flowers: Nach einer Schießerei, die ihn querschnittsgelähmt machte, entschied sich Tyrone, seinem Angreifer zu vergeben, anstatt Rache zu suchen. Er fand durch seinen Glauben Frieden und Verständnis und widmet sich nun der Unterstützung anderer Menschen in schwierigen Lebenslagen.

Beispiel aus Deutschland: Eine Familie aus Bayern berichtet, wie sie nach einem schweren Autounfall durch die Unterstützung ihrer Kirchengemeinde wieder zurück ins Leben gefunden hat. Die Gemeinde organisierte nicht nur finanzielle Unterstützung, sondern auch tägliche Besuche, Hilfe bei der Kinderbetreuung und Gebetskreise, die der Familie Kraft und Trost spendeten.

Diese Berichte zeigen, wie kraftvoll die Unterstützung durch eine religiöse Gemeinschaft sein kann. Die Verbindung zu einer Gemeinde bietet nicht nur spirituelle, sondern auch praktische Hilfe und stärkt das Gefühl der Zugehörigkeit und des Zusammenhalts.

Diese Prinzipien und Beispiele verdeutlichen die wichtige Rolle, die religiöse Gemeinschaften im Leben ihrer Mitglieder spielen können. Sie bieten nicht nur spirituelle Unterstützung, sondern auch praktische Hilfe und ein starkes Gemeinschaftsgefühl, das in schwierigen Zeiten von unschätzbarem Wert ist.

3.5 Reflexion und Anwendung

Schlüssel zum Erfolg

Analyse der Faktoren, die zum Erfolg der dargestellten Geschichten beigetragen haben:

Die Erfolgsgeschichten und positiven Veränderungen im Leben der beschriebenen Personen und Gemeinschaften lassen sich auf bestimmte Schlüsselprinzipien zurückführen. Diese Prinzipien sind universell anwendbar und bieten eine solide Grundlage für den eigenen spirituellen und praktischen Lebensweg.

Schlüsselprinzipien:

Glaube und Vertrauen: Der unerschütterliche Glaube an Gott und das Vertrauen in seine Führung waren zentrale Elemente in allen Erfolgsgeschichten. Dieses Vertrauen half den Menschen, in schwierigen Zeiten standhaft zu bleiben und Trost zu finden.

Gemeinschaft und Unterstützung: Die Unterstützung durch eine religiöse Gemeinschaft spielte eine entscheidende Rolle. Diese Gemeinschaft bot nicht nur spirituelle, sondern auch emotionale und praktische Unterstützung, die wesentlich zum Erfolg beitrug.

Aktives Engagement: Die Bereitschaft, sich aktiv zu engagieren und den Glauben in die Tat umzusetzen, war ein weiterer Schlüssel zum Erfolg. Ob durch ehrenamtliche Arbeit, Teilnahme an gemeinschaftlichen Aktivitäten oder persönliche Gebete und Rituale – das aktive Engagement stärkte den Glauben und die Gemeinschaft.

Vergebung und Nächstenliebe: Das Prinzip der Vergebung und der Nächstenliebe war in vielen Geschichten präsent. Diese Prinzipien halfen den Menschen, Frieden zu finden und Beziehungen zu heilen.

Anwendbare Prinzipien

Identifikation von Prinzipien und Praktiken, die Leser in ihrem eigenen Leben anwenden können:
Die genannten Schlüsselprinzipien lassen sich auf vielfältige Weise im eigenen Leben anwenden. Hier sind einige konkrete Vorschläge:

Glaube und Vertrauen:

Tägliche Gebete: Integrieren Sie das Gebet in Ihren Tagesablauf. Beginnen und beenden Sie den Tag mit einem Gebet, um Ihre Beziehung zu Gott zu stärken und Orientierung zu finden.

Meditation und Reflexion: Nehmen Sie sich regelmäßig Zeit für stille Meditation und Reflexion, um inneren Frieden und Klarheit zu finden.

Gemeinschaft und Unterstützung:

Teilnahme an Gemeindeveranstaltungen: Engagieren Sie sich in Ihrer religiösen Gemeinschaft. Nehmen Sie regelmäßig an Gottesdiensten, Bibelkreisen und anderen Gemeindeveranstaltungen teil, um Unterstützung und Gemeinschaft zu erfahren.

Freiwilligenarbeit: Beteiligen Sie sich an sozialen Projekten und ehrenamtlicher Arbeit. Dies stärkt nicht nur die Gemeinschaft, sondern gibt Ihnen auch das Gefühl, einen positiven Beitrag zu leisten.

Aktives Engagement:

Persönliche Rituale: Entwickeln Sie persönliche Rituale, die Ihren Glauben und Ihre Spiritualität stärken. Dies kann das regelmäßige Beten des Rosenkranzes, das Lesen heiliger Schriften oder das Feiern religiöser Feste umfassen.

Bildung und Weiterbildung: Nutzen Sie Bildungsangebote innerhalb Ihrer Gemeinschaft, um Ihr Wissen über den Glauben zu vertiefen und sich spirituell weiterzuentwickeln.

Vergebung und Nächstenliebe:

Praktizieren Sie Vergebung: Üben Sie sich darin, anderen zu vergeben, selbst wenn es schwierig ist. Vergebung befreit von negativen Gefühlen und fördert den inneren Frieden.

Seien Sie mitfühlend: Zeigen Sie in Ihrem täglichen Leben Mitgefühl und Nächstenliebe. Kleine Gesten der Freundlichkeit können einen großen Unterschied machen.

Ermutigung zur eigenen Umsetzung

Motivation und praktische Tipps, wie Leser die Erkenntnisse und Beispiele in ihrem eigenen Alltag umsetzen können:

Die Umsetzung dieser Prinzipien im eigenen Leben erfordert bewusste Entscheidungen und Engagement. Hier sind einige praktische Tipps, die Ihnen helfen können, diese Prinzipien in Ihren Alltag zu integrieren:

Schritt-für-Schritt-Anleitung:

Setzen Sie sich klare Ziele: Überlegen Sie, welche spirituellen und praktischen Ziele Sie erreichen möchten. Notieren Sie diese Ziele und verfolgen Sie sie konsequent.

Planen Sie feste Zeiten für Gebet und Meditation: Integrieren Sie feste Zeiten für Gebet und Meditation in Ihren Tagesablauf. Dies hilft, eine regelmäßige Praxis zu etablieren.

Suchen Sie Gemeinschaft: Schließen Sie sich einer religiösen Gemeinschaft an und nehmen Sie aktiv an deren Aktivitäten teil. Die Unterstützung und der Austausch mit anderen Gläubigen können Ihnen helfen, Ihren Glauben zu stärken.

Engagieren Sie sich sozial: Finden Sie eine Möglichkeit, sich sozial zu engagieren, sei es durch Freiwilligenarbeit oder die Unterstützung von Projekten innerhalb Ihrer Gemeinde.

Bleiben Sie geduldig und beständig: Die Integration dieser Prinzipien in Ihren Alltag erfordert Zeit und Geduld. Bleiben Sie beständig und geben Sie nicht auf, auch wenn es Herausforderungen gibt.

Inspirierende Zitate:

"Glaube ist der erste Schritt, auch wenn man nicht den ganzen Weg sieht." – Dieses Zitat erinnert daran, dass Glaube oft mit kleinen Schritten beginnt.

"Vergebung ist der Schlüssel zum inneren Frieden."
– Vergebung ist ein zentrales Prinzip, das zu innerem Frieden und Heilung führt.

"Nichts soll dich ängstigen, nichts dich erschrecken. Alles geht vorüber. Gott allein bleibt derselbe. Alles erreicht der Geduldige und wer Gott hat, der hat alles. Gott allein genügt." – Theresa von Avila. Dieses Gebet betont die Beständigkeit Gottes und die Bedeutung des Vertrauens und der Geduld.

Diese Reflexion und Anwendung der Prinzipien und Praktiken können Ihnen helfen, die in diesem Buch dargestellten Erkenntnisse in Ihrem eigenen Leben umzusetzen und dadurch spirituellen und praktischen Erfolg zu erleben.

3.6 Fazit des Kapitels

Zusammenfassung der wichtigsten Punkte:
In diesem Kapitel haben wir die Bedeutung und die praktischen Anwendungen des Glaubens im täglichen Leben ausführlich besprochen. Durch echte Erfolgsgeschichten und konkrete Beispiele haben wir verdeutlicht, wie der bewusste Glaube an Gott zu positiven Veränderungen führen kann. Hier sind die zentralen Erkenntnisse:

Rückkehrerlebnisse und persönliche Transformationen: Die Berichte von Menschen, die durch den Glauben tiefgreifende Veränderungen in ihrem Leben erfahren haben, zeigen die transformative Kraft des Glaubens.

Prinzipien und Praktiken für den Alltag: Wir haben praktische Prinzipien und Rituale vorgestellt, die den Glauben im Alltag integrieren und stärken können. Dazu gehören das Gebet, die Meditation, gemeinsame religiöse Rituale und das Einhalten ethischer und moralischer Prinzipien.

Gemeinschaft und Unterstützung: Die Rolle der religiösen Gemeinschaft als Quelle der Unterstützung und des Gemeinschaftsgefühls wurde hervorgehoben. Authentische Berichte zeigten, wie bedeutsam diese Gemeinschaften in schwierigen Zeiten sein können.

Reflexion und Anwendung: Wir haben die Schlüsselprinzipien identifiziert, die zum Erfolg der dargestellten Geschichten beigetragen haben, und praktische Tipps gegeben, wie diese Prinzipien im eigenen Leben umgesetzt werden können.

Übergang zum nächsten Kapitel:

Im nächsten Kapitel werden wir weiterführende Themen behandeln, die den Glauben im Alltag vertiefen und stärken. Dabei werden wir uns mit spezifischen Herausforderungen auseinandersetzen, die im Glaubensleben auftreten können, und praktische Anleitungen zur Überwindung dieser Herausforderungen geben. Zudem werden wir auf weiterführende spirituelle Praktiken und Ressourcen eingehen, die Ihnen helfen können, Ihren Glauben zu festigen und Ihre spirituelle Reise fortzusetzen.

Kapitel 4: Praktische Umsetzung des Glaubens im Alltag

4.1 Einführung

Zweck und Ziel des Kapitels:

Das vierte Kapitel widmet sich der praktischen Umsetzung des Glaubens im Alltag. Ziel ist es, den Lesern konkrete Wege aufzuzeigen, wie sie ihren Glauben täglich leben und integrieren können. Während die bisherigen Kapitel die theoretischen Grundlagen und inspirierenden Geschichten behandelten, bietet dieses Kapitel praxisnahe Anleitungen und Tipps. Es soll den Lesern helfen, die Prinzipien des Glaubens in ihren persönlichen, familiären, beruflichen und gemeinschaftlichen Kontext zu bringen.

Überblick über die kommenden Inhalte:

Dieses Kapitel ist in vier Hauptbereiche unterteilt, die jeweils spezifische Aspekte der praktischen Glaubensumsetzung behandeln:

Persönliche spirituelle Praktiken:
Verschiedene Formen des Gebets und der Meditation und deren Rolle im Alltag.

Tipps und Beispiele für tägliche Andachten und Bibellesen.
Die Bedeutung von Dankbarkeit und Selbstreflexion im täglichen Leben.

Glaube und Familie:
Prinzipien und Praktiken zur Vermittlung des Glaubens an Kinder.
Beispiele für religiöse Rituale und Traditionen innerhalb der Familie.
Wie der Glaube bei der Lösung von familiären Konflikten helfen kann.

Glaube und Beruf:
Anwendung christlicher Prinzipien am Arbeitsplatz.
Strategien zur Integration von Glauben und Beruf.
Wie man seinen Glauben am Arbeitsplatz lebt und teilt.

Glaube und Gemeinschaft:
Die Bedeutung der Teilnahme an Gemeindeveranstaltungen und Gottesdiensten.
Beispiele und Anregungen für gemeindebasierte soziale Projekte und Missionsarbeit.
Wie man durch den Glauben anderen in der Gemeinschaft helfen kann.

Am Ende des Kapitels wird eine Zusammenfassung der wichtigsten Punkte gegeben, sowie ein Ausblick auf das nächste Kapitel, welches weiterführende Themen und praktische Anleitungen behandeln wird.

4.2 Persönliche spirituelle Praktiken

Gebet und Meditation

Gebet und Meditation sind zentrale Elemente des spirituellen Lebens. Sie bieten Momente der Ruhe, Besinnung und Verbindung zu Gott. Unterschiedliche Formen des Gebets und der Meditation können im Alltag integriert werden, um den Geist zu klären und eine tiefere spirituelle Verbindung zu fördern.

Die Bedeutung des Gebets:

Gebet ist eine Form der Kommunikation mit Gott. Es ermöglicht uns, unsere Gedanken, Sorgen, Dankbarkeit und Bitten auszudrücken. Regelmäßiges Gebet kann helfen, inneren Frieden zu finden, geistige Klarheit zu erlangen und eine engere Beziehung zu Gott aufzubauen. Gebet ist ein Akt des Respekts und der Verehrung gegenüber Gott. Es ist eine Gelegenheit, Gott für seine Gaben zu danken und ihn zu preisen. Das Gebet stärkt unsere Verbindung zu

Gott und gibt uns die Zuversicht und das Vertrauen, das wir in unserem täglichen Leben brauchen.

Ein weiterer wichtiger Aspekt des Gebets ist, dass es hilft, den bewusst gewollten Glauben zu einem tief empfundenen Glauben zu transformieren. Durch das regelmäßige Gebet entwickelt sich ein Gefühl der Sicherheit und des Vertrauens in Gott. Diese Verbindung fördert innere Stärke und Zuversicht, die wiederum positiven Einfluss auf unser weltliches Leben und unseren Erfolg haben können.

Beispiele für Gebete:

Das Vaterunser

Vater unser im Himmel,
geheiligt werde dein Name.
Dein Reich komme.
Dein Wille geschehe,
wie im Himmel so auf Erden.
Unser tägliches Brot gib uns heute.
Und vergib uns unsere Schuld,
wie auch wir vergeben unseren Schuldigern.
Und führe uns nicht in Versuchung,
sondern erlöse uns von dem Bösen.
Amen.

Das Vaterunser, auch als "Pater Noster" bekannt, ist das zentrale Gebet des Christentums, das von Jesus Christus selbst gelehrt wurde. Es findet sich in den Evangelien des Neuen Testaments, sowohl im Matthäusevangelium (Matthäus 6,9-13) als auch im Lukasevangelium (Lukas 11,2-4). In der Bibel erscheint das Gebet im Kontext der Bergpredigt, in der Jesus seine Jünger lehrt, wie sie beten sollen.

Das Vaterunser ist nicht nur ein Gebet, sondern auch eine Zusammenfassung der wesentlichen Glaubensinhalte des Christentums. Es beginnt mit der Anrede an Gott als Vater, was die enge und persönliche Beziehung zwischen Gott und den Gläubigen unterstreicht. Das Gebet umfasst Bitten um die Heiligung des Namens Gottes, das Kommen seines Reiches, die Erfüllung seines Willens, die tägliche Versorgung, Vergebung der Sünden und den Schutz vor Versuchungen und dem Bösen.

Das Gebet hat tiefe Wurzeln in der jüdischen Tradition und reflektiert viele Elemente aus jüdischen Gebeten, die zur Zeit Jesu gebräuchlich waren. Die Anrede „Unser Vater" ist ein Ausdruck der innigen Beziehung zwischen Gott und den Menschen, ähnlich wie sie in verschiedenen Psalmen und anderen jüdischen Texten verwendet wird.

Im Laufe der Jahrhunderte hat das Vaterunser eine zentrale Rolle in der christlichen Liturgie und im persönlichen Gebet eingenommen. Es wird in allen christlichen Konfessionen rezitiert und gilt als das grundlegendste und am weitesten verbreitete Gebet im Christentum. Es dient nicht nur als Modell für das Gebet, sondern auch als Ausdruck des Glaubens und der Hingabe an Gott.

Ehre sei dem Vater

Ehre sei dem Vater und dem Sohn und dem Heiligen Geist.
Wie im Anfang, so auch jetzt und alle Zeit und in Ewigkeit.
Amen.

Das "Ehre sei dem Vater" oder auch "Gloria Patri" ist ein kurzes Doxologie-Gebet, das in der christlichen Tradition häufig verwendet wird, um die Heilige Dreifaltigkeit – den Vater, den Sohn und den Heiligen Geist – zu preisen. Es hat eine zentrale Rolle in vielen christlichen Liturgien und wird oft am Ende von Psalmen oder Gebetszeiten rezitiert.

Das "Ehre sei dem Vater" stammt aus der frühen christlichen Kirche und ist eine einfache, aber kraftvolle Lobpreisung der Dreifaltigkeit Gottes. Es wird seit Jahrhunderten in vielen Konfessionen, darunter die katholische, orthodoxe und anglikanische Kirche, regelmäßig gebetet. Die Worte des Gebets fassen das zentrale christliche Glaubensbekenntnis zusammen, dass Gott in drei Personen existiert: Vater, Sohn und Heiliger Geist.

Dieses Gebet wird besonders häufig in den Stundengebeten (dem Officium) der katholischen Kirche verwendet und ist auch in der orthodoxen und anglikanischen Tradition tief verwurzelt. Es dient dazu, den Gebeten und Psalmen, die in der Liturgie rezitiert werden, einen feierlichen Abschluss zu geben und die Gläubigen daran zu erinnern, dass alle Gebete letztlich an die Heilige Dreifaltigkeit gerichtet sind.

Insgesamt betont das "Ehre sei dem Vater" die Ewigkeit und Unveränderlichkeit Gottes und stellt eine kurze, aber bedeutungsvolle Anrufung der Dreifaltigkeit dar, die die Gläubigen zu einer tiefen Ehrfurcht und Hingabe anregt.

Ehre sei Gott in der Höhe

Ehre sei Gott in der Höhe und Friede auf Erden den Menschen seiner Gnade.

Wir loben dich, wir preisen dich, wir beten dich an,
wir rühmen dich und danken dir,
denn groß ist deine Herrlichkeit.

Das Gebet "Ehre sei Gott in der Höhe" bzw. lateinisch „Gloria in excelsis Deo", ist eines der ältesten und bekanntesten Hymnen der christlichen Liturgie, insbesondere in der katholischen Kirche. Das Gloria wird in der Regel während der Messe gesungen oder gesprochen und ist ein Lobpreis, der die Ehre Gottes und den Frieden auf Erden verkündet. Das Gebet hat seine Wurzeln in der Engelshymne, die in der Bibel im Lukasevangelium (Lukas 2,14) beschrieben wird, als die Engel bei der Geburt Jesu sangen: "Ehre sei Gott in der Höhe und Friede auf Erden den Menschen seiner Gnade."

Das Gloria, zu dem das "Ehre sei Gott in der Höhe" gehört, wird besonders an Festtagen und Sonntagen während der Messe verwendet, um die Freude und Dankbarkeit der Gemeinde gegenüber Gott zum Ausdruck zu bringen. Es folgt in der Liturgie direkt nach dem Kyrie und vor den Schriftlesungen und bildet einen feierlichen Auftakt zum weiteren Gottesdienst.

Der Text des Gloria, einschließlich des "Ehre sei Gott in der Höhe", ist von tiefem Lobpreis geprägt und gehört zu den zentralen Elementen des katholischen und auch anderen christlichen Gottesdiensten. Es erinnert die Gläubigen an die Herrlichkeit Gottes und die Bedeutung von Frieden und Gnade in ihrem Leben.

Ave Maria

Gegrüßet seist du, Maria, voll der Gnade,
der Herr ist mit dir.
Du bist gebenedeit unter den Frauen,
und gebenedeit ist die Frucht deines Leibes, Jesus.
Heilige Maria, Mutter Gottes,
bitte für uns Sünder jetzt und in der Stunde unseres Todes.
Amen.

Das Ave Maria, auch bekannt als das "Gegrüßet seist du, Maria", ist ein zentraler Bestandteil des katholischen Gebetslebens und tief in der christlichen Tradition verwurzelt. Es ist ein Gebet, das sich direkt an die Jungfrau Maria, die Mutter Jesu, richtet und sie um Fürbitte anruft.

Der Text des Ave Maria ist in zwei Teile gegliedert. Der erste Teil basiert direkt auf biblischen Texten. Die ersten Worte „Gegrüßet seist du, Maria, voll der Gnade, der Herr ist mit dir" stammen aus dem

Lukasevangelium (Lukas 1,28), in dem der Erzengel Gabriel Maria diese Worte bei der Verkündigung spricht. Der nächste Satz „Du bist gebenedeit unter den Frauen und gebenedeit ist die Frucht deines Leibes, Jesus" stammt von Elisabeth, der Cousine Marias, die sie bei ihrem Besuch so begrüßt (Lukas 1,42).

Der zweite Teil des Gebets „Heilige Maria, Mutter Gottes, bitte für uns Sünder, jetzt und in der Stunde unseres Todes" wurde später von der Kirche hinzugefügt und reflektiert die tiefe Verehrung und das Vertrauen der Gläubigen in die Fürsprache Marias.

Das Ave Maria wird häufig im Rosenkranzgebet verwendet, einem der wichtigsten Gebete im katholischen Glauben. Es dient auch als Ausdruck der Marienverehrung, die im Katholizismus eine besondere Rolle spielt. Viele Gläubige wenden sich an Maria in Zeiten der Not, in dem Vertrauen, dass sie als Mutter Jesu für sie bei Gott eintreten wird.

Das Ave Maria verbindet die Gläubigen durch die Jahrhunderte hinweg und ist ein Gebet, das Trost, Hoffnung und den tiefen Glauben an die Fürsprache der Jungfrau Maria verkörpert.

Das Apostolische Glaubensbekenntnis:

Ich glaube an Gott, den Vater, den Allmächtigen,
den Schöpfer des Himmels und der Erde,
und an Jesus Christus, seinen eingeborenen Sohn,
unseren Herrn,
empfangen durch den Heiligen Geist, geboren von
der Jungfrau Maria,
gelitten unter Pontius Pilatus, gekreuzigt, gestorben
und begraben,
hinabgestiegen in das Reich des Todes, am dritten
Tage auferstanden von den Toten,
aufgefahren in den Himmel; er sitzt zur Rechten
Gottes, des allmächtigen Vaters;
von dort wird er kommen, zu richten die Lebenden
und die Toten.
Ich glaube an den Heiligen Geist, die heilige katho-
lische Kirche,
Gemeinschaft der Heiligen, Vergebung der Sünden,
Auferstehung der Toten und das ewige Leben.
Amen.

Das Apostolische Glaubensbekenntnis, auch bekannt als „Apostolikum", ist eines der ältesten und
wichtigsten Glaubensbekenntnisse des Christentums. Es dient als eine prägnante Zusammenfassung der wesentlichen Glaubensinhalte, die alle
Christen miteinander teilen, unabhängig von ihrer

Konfession. Außerhalb der katholischen Kirche wird der Satz: „Ich glaube an …, die heilige katholische Kirche …“ zumeist durch den Satz: „Ich glaube an …, die heilige christliche Kirche …“ ersetzt.

Das Bekenntnis geht in seinen Ursprüngen auf die frühe Kirche zurück und wird traditionell den Aposteln zugeschrieben, obwohl es in seiner heutigen Form erst im 4. Jahrhundert vollständig formuliert wurde. Es fasst die Lehren der Apostel über die Natur Gottes, Jesus Christus und den Heiligen Geist zusammen und drückt den Glauben an die Dreifaltigkeit aus.

Das Apostolische Glaubensbekenntnis hat eine besondere Bedeutung im katholischen und evangelischen Christentum und wird in vielen Gottesdiensten und liturgischen Handlungen verwendet, insbesondere bei Taufen und im Rahmen des täglichen Gebets, wie dem Morgen- und Abendgebet.

Der Text des Bekenntnisses ist in drei Abschnitte unterteilt, die jeweils einen Aspekt der Dreifaltigkeit ansprechen:

1. Glaube an Gott, den Vater: „Ich glaube an Gott, den Vater, den Allmächtigen, den Schöpfer des Himmels und der Erde.“

2. Glaube an Jesus Christus: Dieser Abschnitt beschreibt das Leben, den Tod, die Auferstehung und die zukünftige Wiederkunft Jesu Christi.

3. Glaube an den Heiligen Geist: Dieser Teil befasst sich mit der Rolle des Heiligen Geistes, der Kirche, der Gemeinschaft der Heiligen, der Vergebung der Sünden und dem ewigen Leben.

Das Apostolische Glaubensbekenntnis ist nicht nur ein Ausdruck des persönlichen Glaubens, sondern auch ein Bekenntnis zur Gemeinschaft aller Gläubigen, die sich in diesen zentralen Glaubenswahrheiten vereinen. Es ist ein Symbol der Einheit und Kontinuität der christlichen Lehre, die von den Anfängen der Kirche bis heute überliefert wird.

Praktische Hinweise zur Integration des Gebets im Alltag:

Morgengebet: Beginnen Sie den Tag mit einem Gebet, gleich nach dem Aufstehen, bevor Sie in die Hektik des Alltags eintauchen. Das "Vater unser" oder das "Ave Maria" können Ihnen helfen, den Tag spirituell auszurichten. Diese Praxis schafft eine spirituelle Basis für den Tag und fördert ein Gefühl der Ruhe und des Friedens.

Mittagsgebet: Nutzen Sie die Mittagszeit für ein kurzes Gebet oder eine Meditation. Das "Angelus"-Gebet (siehe unten) wird traditionell zur Mittagszeit gesprochen, oft wenn die Kirchenglocken läuten. Es ist eine wunderbare Möglichkeit, den Tag zu unterbrechen und sich erneut auf Gott zu besinnen. Dies hilft, inmitten der täglichen Aufgaben eine spirituelle Pause einzulegen.

Abendgebet: Der Abend bietet eine gute Gelegenheit, den Tag mit einem Gebet abzuschließen. Das Beten des Rosenkranzes (siehe unten) kann eine meditative Praxis sein, die Ihnen hilft, den Tag zu reflektieren und in Ruhe zu beenden. Diese Praxis kann allein, mit der Familie oder in Gemeinschaften wie Radio Maria durchgeführt werden.

Tägliche Andachten

Regelmäßige Andachten und das Lesen religiöser Texte sind essenziell für die tägliche spirituelle Praxis. Andachten bestehen oft aus festgelegten Gebetsabfolgen, die durch Psalmen, Hymnen und Lesungen aus der Heiligen Schrift ergänzt werden können. Eine Andacht kann auch Meditationen, Reflexionen und persönliche Gebete beinhalten, die auf das Leben Jesu Christi, die Heiligen oder bestimmte Glaubenswahrheiten fokussiert sind. Diese

Elemente werden in einer ruhigen und besinnlichen Atmosphäre dargebracht, oft begleitet von Kerzenlicht oder anderen Symbolen, die die Heiligkeit und Transzendenz der Gebetszeit unterstreichen. Andachten dienen dazu, die Gläubigen näher zu Gott zu führen, ihren Glauben zu vertiefen und ihnen eine Zeit der inneren Sammlung und des Friedens zu ermöglichen. Sie bieten die Möglichkeit, sich täglich auf Gottes Wort zu besinnen und geistige Nahrung zu erhalten. Hier sind zwei Beispiele für übliche tägliche Andachten:

Der Engel des Herrn (Angelus):

Der Engel des Herrn brachte Maria die Botschaft,
und sie empfing vom Heiligen Geist.

Gegrüßet seist du, Maria, voll der Gnade,
der Herr ist mit dir.
Du bist gebenedeit unter den Frauen,
und gebenedeit ist die Frucht deines Leibes, Jesus.
Heilige Maria, Mutter Gottes,
bitte für uns Sünder jetzt und in der Stunde unseres Todes.
Amen.

Siehe ich bin die Magd des Herrn
Mir geschehe nach deinem Wort.

Gegrüßet seist du, Maria, voll der Gnade,
der Herr ist mit dir.
Du bist gebenedeit unter den Frauen,
und gebenedeit ist die Frucht deines Leibes, Jesus.
Heilige Maria, Mutter Gottes,
bitte für uns Sünder jetzt und in der Stunde unseres
Todes.
Amen.

Und das Wort ist Fleisch geworden
und hat unter uns gewohnt.

Gegrüßet seist du, Maria, voll der Gnade,
der Herr ist mit dir.
Du bist gebenedeit unter den Frauen,
und gebenedeit ist die Frucht deines Leibes, Jesus.
Heilige Maria, Mutter Gottes,
bitte für uns Sünder jetzt und in der Stunde unseres
Todes.
Amen.

Bitte für uns heilige Gottesmutter,
damit wir würdig werden der Verheißung Christi.

Allmächtiger Gott, gieße Deine Gnade in unsere
Herzen ein.
Durch die Botschaft des Engels haben wir die Men-
schwerdung Christi,

Deines Sohnes erkannt. Führe uns durch sein Leiden und Kreuz
Zur Herrlichkeit der Auferstehung.
Darum bitten wir durch Ihn, Christus unseren Herrn. Amen.

Der "Angelus" ist ein traditionelles katholisches Andachts-Gebet, das an die Verkündigung des Herrn an die Jungfrau Maria durch den Erzengel Gabriel erinnert, wie es im Lukasevangelium beschrieben wird (Lukas 1:26-38). Der Name "Angelus" leitet sich von den ersten Worten des lateinischen Textes ab: "Angelus Domini nuntiavit Mariae", was auf Deutsch bedeutet: "Der Engel des Herrn brachte Maria die Botschaft".

Dieses Gebet wurde im 11. Jahrhundert als Andachtsform entwickelt und verbreitete sich rasch in der westlichen Kirche. Es wird traditionell dreimal am Tag gebetet: morgens, mittags und abends, oft in Verbindung mit dem Läuten der Kirchenglocken, um die Gläubigen daran zu erinnern, innezuhalten und sich auf die Bedeutung der Menschwerdung Gottes in Jesus Christus zu besinnen.

Der Angelus besteht aus drei kurzen Bibelzitaten, die jeweils mit einem Ave Maria (Gegrüßet seist du, Maria) abgeschlossen werden, sowie einer abschließenden Gebetsbitte. Die Struktur und der Inhalt des Gebets zielen darauf ab, die Gläubigen an das zentrale christliche Geheimnis der Inkarnation zu erinnern und sie in eine Haltung der Demut und des Glaubens zu führen.

In vielen katholischen Gemeinden und Familien wird der Angelus bis heute als fester Bestandteil der täglichen Gebetspraxis gepflegt und trägt zur spirituellen Vertiefung bei, indem er die Gläubigen dreimal täglich zur Besinnung und zum Gebet aufruft.

Der Rosenkranz:

Der Rosenkranz ist eine traditionelle katholische Andachts- und Gebetsform, in der es um die Meditation über die wichtigsten Ereignisse im Leben Jesu Christi und der Jungfrau Maria geht. Der Name "Rosenkranz" leitet sich von der für das Gebet benutzen Gebetskette ab, verbunden mit der Vorstellung, dass jede Perle dieser Kette, die jeweils für ein Gebet steht, wie eine Rose ist, die man Maria, der Mutter Jesu, darbringt. In seiner praktischen Anwendung ist der Rosenkranz also eine kreisförmige Gebetskette, bestehend aus 59 Perlen und einem anhängenden Kreuz, die das Gebet strukturieren und den Betenden leiten.

Im Ablauf besteht der Rosenkranz aus mehreren Gebeten, die in einer festen Reihenfolge gebetet werden. Diese Gebete sind:

1. Das Kreuzzeichen: Man beginnt mit dem Kreuzzeichen, um sich in die Gegenwart Gottes zu versetzen. Dazu berührt man mit der rechten Hand nacheinander und in dieser Reihenfolge: die Stirn, die Brust, die linke Schulter und die rechte Schulter und spricht dazu: *Im Namen des Vaters und des Sohnes und des Heiligen Geistes, Amen.*

2. Das Apostolische Glaubensbekenntnis: Es wird am Kreuz gebetet und bekennt den christlichen Glauben. (Text, siehe vorstehend)

2. Das Vaterunser: Es folgt auf das Glaubensbekenntnis und wird an der ersten großen Perle des Rosenkranzes gebetet. (Text, siehe vorstehend)

3. Drei Ave Marias (Text, siehe vorstehend): Diese werden an den nächsten drei kleinen Perlen gebetet, üblicherweise als Bitte um Glaube, Hoffnung und Liebe, die drei zentralen christlichen Tugenden.

4. Ehre sei dem Vater: Dies wird nach den drei Ave Marias gebetet. (Text, siehe vorstehend)

5. Der Hauptteil des Rosenkranzes besteht aus fünf Dekaden (Abschnitten), wobei jede Dekade aus 11 Perlen besteht, einem "Vaterunser" und zehn "Ave Marias", gefolgt von einem "Ehre sei dem Vater".

Während man diese Gebete spricht, meditiert man über ein "Geheimnis" – ein bedeutendes Ereignis im Leben Jesu oder Marias.

Der Rosenkranz gliedert sich traditionell in drei „Gesätze", die jeweils fünf „Geheimnisse" umfassen:

1. Die freudenreichen Geheimnisse (freudenreicher Rosenkranz):
- Die Verkündigung des Herrn an Maria
- Der Besuch Marias bei Elisabeth
- Die Geburt Jesu
- Die Darstellung Jesu im Tempel
- Der zwölfjährige Jesus im Tempel

2. Die schmerzhaften Geheimnisse (schmerzhafter Rosenkranz):
- Das Gebet Jesu am Ölberg
- Die Geißelung Jesu
- Die Dornenkrönung
- Jesus trägt das Kreuz
- Die Kreuzigung Jesu

3. Die glorreichen Geheimnisse (glorreicher Rosenkranz):
- Die Auferstehung Jesu von den Toten
- Die Himmelfahrt Jesu
- Die Herabkunft des Heiligen Geistes
- Die Aufnahme Mariens in den Himmel
- Die Krönung Mariens zur Königin des Himmels

Das Rosenkranzgebet kann sowohl alleine als auch gemeinsam mit anderen gebetet werden. In Gruppen wird der Rosenkranz häufig im Wechselsprech gebetet: Eine Person spricht die erste Hälfte jedes Gebets (z. B. "Gegrüßet seist du, Maria, voll der Gnade..."), und die anderen beten die zweite Hälfte („ Heilige Maria, Mutter Gottes, bitte für uns Sünder ..."). Die Meditation über die Geheimnisse geschieht im Stillen und wird vor jeder Dekade angekündigt.

Am Ende des Rosenkranzes wird häufig zusätzlich ein abschließendes Gebet für Maria hinzugefügt. Zum Beispiel das älteste bekannte Mariengebet ("Sub tuum praesidium") überhaupt, dessen Ursprung im dritten Jahrhundert liegt:

Unter deinen Schutz und Schirm (Sub tuum praesidium)

Unter deinen Schutz und Schirm fliehen wir, o heilige Gottesmutter.
Verschmähe nicht unser Gebet in unseren Nöten,
sondern erlöse uns jederzeit von allen Gefahren,
o du glorreiche und gebenedeite Jungfrau.
Unsere Frau, unsere Mittlerin, unsere Fürsprecherin.
Versöhne uns mit Deinem Sohne,
empfiehl uns Deinem Sohne,
stelle uns vor Deinem Sohne.

Der Rosenkranz schließt mit dem Kreuzzeichen.

Der Rosenkranz ist nicht nur eine Gebetsform, sondern auch ein meditativer Weg, der den Gläubigen hilft, das Leben Christi und die Rolle Mariens im Heilsgeschehen tiefer zu verstehen und zu verehren.

Somit ist der Rosenkranz ein meditativer Gebetsweg, der durch die anhaltende Wiederholung von Gebeten eine tiefere spirituelle Verbindung fördert. Die durchschnittliche Dauer einer Rosenkranzandacht, mit einem der drei Gesätze, beträgt ca. eine halbe Stunde. Der gesamte Rosenkranz, mit allen drei Gesätzen, benötigt demnach ca. anderthalb Stunden.

Das gemeinsame Beten des Rosenkranzes in christlichen Familien und Gruppen ist sehr beliebt, denn es kann ein tiefes gemeinsames spirituelles Erlebnis vermitteln. Christliche Radiostationen wie z.B. Radio Maria bieten weltweit gemeinsame „live" bzw. „online" Rosenkranzgebete in allen Sprachen an, in denen sich die Hörer direkt „on air" beteiligen können und so eine große Gebetsgemeinschaft bilden.

Dankbarkeit und Reflexion

Dankbarkeit und Selbstreflexion sind wichtige Elemente im täglichen Leben eines Gläubigen. Diese Praktiken helfen, den Fokus auf das Positive zu lenken und Gottes Segen im Alltag zu erkennen.

Dankbarkeitsjournal: Führen Sie ein Tagebuch, in dem Sie täglich drei Dinge notieren, für die Sie dankbar sind. Dies kann helfen, eine positive Einstellung zu fördern und den Segen im Leben bewusst wahrzunehmen.

Abendliche Reflexion: Nehmen Sie sich jeden Abend Zeit, um über den Tag nachzudenken. Fragen Sie sich, wo Sie Gottes Handeln in Ihrem Leben gesehen haben und wie Sie auf Herausforderungen reagiert haben. Diese Reflexion kann helfen, spirituell zu wachsen und eine tiefere Verbindung zu Gott zu entwickeln.

Durch die regelmäßige Praxis von Gebet und Meditation, Andachten und Reflexion wird der Glaube zu einem lebendigen und integralen Bestandteil des täglichen Lebens. Diese Routinen stärken die Verbindung zu Gott und fördern ein Leben in Zuversicht und Vertrauen.

4.3 Glaube und Familie

Glaubensbasierte Erziehung

Eine zentrale Bedeutung in der glaubensbasierten Erziehung hat das Wissen über religiöse und philosophische Fragen. Nur durch Wissen können wir uns eine zutreffende Meinung bilden und den Glauben fundiert leben. Es ist essenziell, dass Kinder und Jugendliche die Inhalte des Glaubens, um den es geht, kennen und verstehen. Dieses Wissen bildet die Grundlage dafür, dass sie sich später bewusst und willentlich für ein Leben mit Gott entscheiden können.

Bedeutung von Wissen und Verständnis:

Religiöse Bildung: Kinder sollten nicht nur die Glaubenspraktiken kennenlernen, sondern auch ein breites Verständnis für religiöse und philosophische Themen entwickeln. Dies ermöglicht ihnen, sich ein eigenes Urteil zu bilden und die Bedeutung des Glaubens in ihrem Leben zu erkennen.

Inhalte des Glaubens: Es ist wichtig, dass Kinder die grundlegenden Glaubensinhalte kennen, wie die Lehren Jesu, die Sakramente und die christlichen Werte. Dies kann durch regelmäßige Bibelstunden, religiöse Bücher und Gespräche über den Glauben vermittelt werden.

Philosophische Fragen: Neben der religiösen Bildung sollten Kinder und Jugendliche auch mit philosophischen Fragen vertraut gemacht werden. Dies fördert das kritische Denken und hilft ihnen, den Glauben in einen größeren Kontext zu stellen.

Prinzipien der glaubensbasierten Erziehung:

Vorbildfunktion: Eltern sollten als Vorbilder agieren und ihren Glauben authentisch leben. Kinder lernen durch Beobachtung und Nachahmung. Wenn sie sehen, dass ihre Eltern regelmäßig beten, Gottesdienste besuchen und nach christlichen Werten leben, werden sie diese Verhaltensweisen eher übernehmen.

Regelmäßige Gebete und Andachten: Integrieren Sie tägliche Gebete und Andachten in den Familienalltag. Das gemeinsame Morgengebet, Tischgebet und Abendgebet können feste Bestandteile des Tagesablaufs sein. Beispielsweise kann das "Vaterunser" morgens, das Tischgebet "Komm, Herr Jesus" vor den Mahlzeiten und der "Rosenkranz" abends gemeinsam gebetet werden.

Biblische Geschichten und Lehren: Lesen Sie regelmäßig aus der Bibel vor und erzählen Sie biblische Geschichten, die moralische Lektionen vermitteln. Kinderbibeln mit altersgerechten Illustrationen und Erzählungen können dabei sehr hilfreich sein.

Religiöse Bildung: Besuchen Sie gemeinsam mit den Kindern den Gottesdienst und religiöse Bildungsveranstaltungen. Sonntagsschulen und kirchliche Jugendgruppen bieten eine gute Möglichkeit, den Glauben zu vertiefen und Gemeinschaft zu erleben.

Gemeinsame religiöse Rituale

Gemeinsame religiöse Rituale stärken die familiären Bindungen und fördern das gemeinschaftliche Glaubensleben. Sie bieten Gelegenheiten für spirituelle Reflexion und gemeinsames Erleben des Glaubens.

Beispiele für religiöse Rituale und Traditionen:

Sonntäglicher Gottesdienst: Der regelmäßige Besuch des Sonntagsgottesdienstes ist eine zentrale Praxis, die die Familie spirituell stärkt und Gemeinschaft mit anderen Gläubigen fördert.

Feiern religiöser Feste: Weihnachten, Ostern, Pfingsten und andere christliche Feiertage bieten besondere Gelegenheiten, den Glauben zu feiern. Traditionen wie das Aufstellen einer Krippe zu Weihnachten oder das gemeinsame Osterfrühstück können diese Feste bereichern.

Marienverehrung: Der Mai, als Marienmonat, ist eine gute Gelegenheit für gemeinsame Marienandachten. Das Beten des Rosenkranzes oder das Singen von Marienliedern können fest in den Familienalltag integriert werden.

Haussegnungen und Pilgerreisen: Regelmäßige Haussegnungen durch einen Priester und das

Unternehmen von Pilgerreisen zu heiligen Stätten können das religiöse Leben der Familie bereichern.

Konfliktlösung

Der Glaube kann eine wertvolle Ressource bei der Lösung familiärer Konflikte sein. Prinzipien wie Vergebung, Nächstenliebe und Geduld fördern Harmonie und Frieden in der Familie.

Wie der Glaube bei der Lösung von familiären Konflikten helfen kann:

Vergebung: Christliche Lehren betonen die Bedeutung der Vergebung. In familiären Konflikten kann die Bereitschaft zur Vergebung helfen, Verletzungen zu heilen und Beziehungen zu stärken. Das Gebet um Gottes Hilfe bei der Vergebung kann ein erster Schritt sein.

Nächstenliebe: Der Glaube ermutigt zur Nächstenliebe, die sich in Verständnis, Mitgefühl und Rücksichtnahme zeigt. Dies kann helfen, Spannungen zu reduzieren und Konflikte zu lösen.

Gemeinsames Gebet: Das gemeinsame Gebet in Konfliktsituationen kann Frieden und Klarheit bringen. Es ermöglicht, sich auf Gott zu besinnen und seine Führung zu suchen.

Geistliche Beratung: Die Inanspruchnahme von geistlicher Beratung durch einen Priester oder Seelsorger kann helfen, Konflikte zu klären und spirituelle Unterstützung zu erhalten.

4.4 Glaube und Beruf

Ethik und Moral im Berufsleben

Die Anwendung christlicher Prinzipien am Arbeitsplatz ist ein wesentlicher Bestandteil eines gelebten Glaubens. Ethik und Moral spielen dabei eine zentrale Rolle und bieten eine Orientierungshilfe für das tägliche Handeln im Berufsleben.

Anwendung christlicher Prinzipien:

Ehrlichkeit und Integrität: Christliche Ethik betont die Bedeutung von Ehrlichkeit und Integrität. Am Arbeitsplatz bedeutet das, stets die Wahrheit zu sagen, zu seinen Fehlern zu stehen und fair mit Kollegen und Kunden umzugehen.

Gerechtigkeit und Fairness: Gerechtigkeit und Fairness sind weitere zentrale Prinzipien. Dies umfasst die faire Behandlung aller Mitarbeiter, gerechte Bezahlung und die Ablehnung von Diskriminierung und Ungerechtigkeit.

Verantwortung und Zuverlässigkeit: Verantwortung und Zuverlässigkeit sind essenzielle Tugenden. Ein christlich orientierter Mensch sollte sich stets bemühen, seine Aufgaben zuverlässig und gewissenhaft zu erfüllen.

Nächstenliebe und Mitgefühl: Die christliche Lehre der Nächstenliebe kann auch im Berufsleben angewendet werden. Dies zeigt sich in Mitgefühl, Hilfsbereitschaft und der Bereitschaft, anderen zu helfen und sie zu unterstützen.

Balance zwischen Beruf und Glauben

Die Integration von Glauben und Beruf kann herausfordernd sein, besonders in einem schnelllebigen und anspruchsvollen Arbeitsumfeld. Es ist jedoch möglich, eine Balance zu finden und den Glauben in den Berufsalltag zu integrieren.

Strategien zur Integration von Glauben und Beruf:

Zeit für Gebet und Meditation: Planen Sie feste Zeiten für Gebet und Meditation ein, um sich geistig zu stärken. Dies kann beispielsweise vor der Arbeit, während der Mittagspause oder nach Feierabend geschehen.

Prioritäten setzen: Setzen Sie klare Prioritäten, um eine Balance zwischen Beruf und Privatleben zu finden. Der Glaube sollte einen festen Platz in Ihrem Tagesablauf haben.

Glaubenssymbole und Rituale: Kleine Glaubenssymbole wie ein Kreuz, ein Heiligenbild, oder eine Bibel am Arbeitsplatz können eine ständige Erinnerung an Ihre spirituellen Werte sein. Rituale wie ein kurzes Gebet vor wichtigen Entscheidungen können helfen, den Glauben in den Arbeitsalltag zu integrieren.

Stressbewältigung: Nutzen Sie Ihren Glauben als Ressource zur Stressbewältigung. Gebet, Meditation und das Vertrauen auf Gottes Führung können helfen, berufliche Herausforderungen gelassener zu meistern.

Zeugnis geben im Berufsalltag

Seinen Glauben am Arbeitsplatz zu leben und zu teilen, kann durch kleine Gesten und das Vorleben christlicher Werte geschehen. Es geht dabei nicht darum, anderen den Glauben aufzuzwingen, sondern ein authentisches Beispiel zu geben.

Wie man seinen Glauben am Arbeitsplatz lebt und teilt:

Vorbild sein: Leben Sie Ihren Glauben durch Ihr Verhalten. Ehrlichkeit, Fairness und Mitgefühl werden von anderen wahrgenommen und geschätzt.

Offenheit zeigen: Seien Sie offen über Ihren Glauben, wenn es sich natürlich ergibt. Sprechen Sie über Ihre Werte und Überzeugungen, wenn entsprechende Themen zur Sprache kommen.

Unterstützung anbieten: Bieten Sie Unterstützung und Hilfe an, wenn Kollegen in Not sind. Dies kann in Form von praktischem Beistand oder durch ein Gebet geschehen.

Gemeinschaft suchen: Suchen Sie nach Gleichgesinnten am Arbeitsplatz, um gemeinsam Glaubenspraktiken zu teilen und sich gegenseitig zu stärken. Dies kann durch Gebetsgruppen oder informelle Treffen geschehen.

Respekt und Toleranz: Zeigen Sie Respekt und Toleranz gegenüber den Überzeugungen und Glaubensrichtungen Ihrer Kollegen. Ein respektvoller

Umgang schafft ein positives Arbeitsumfeld und fördert den Austausch.

4.5 Glaube und Gemeinschaft

Beteiligung in der Gemeinde

Die Teilnahme an Gemeindeveranstaltungen und Gottesdiensten ist eine wesentliche Ausdrucksform des Glaubens und spielt eine zentrale Rolle im Leben eines Christen. Diese Teilnahme dient nicht nur der persönlichen spirituellen Stärkung, sondern auch der Gemeinschaftsbildung und der Ehre Gottes.

Die Rolle der Teilnahme an Gemeindeveranstaltungen und Gottesdiensten:

Gottesdienste als Ehrenbezeugung Gottes: Gottesdienste, insbesondere die Heilige Messe, sind zentrale Veranstaltungen zur Ehre Gottes. Sie bieten die Gelegenheit, Gott bewusst anzuerkennen, seine Größe und Macht zu würdigen und ihm Ehre zu erweisen. Die Teilnahme an diesen Gottesdiensten ist ein Ausdruck unseres Respekts und unserer Hingabe gegenüber Gott.

Die Heilige Messe und das Opfer Jesu Christi: In der katholischen Messe kommt zusätzlich die segensreiche Wiederholung des Opfers Jesu Christi zur Erlösung der Menschen hinzu. Hier wird die Heilige Messe nicht nur als Erinnerung an das letzte Abendmals mit Jesus Christus gefeiert, vielmehr erneuert sie die göttliche Gnade der Erlösung und ermöglicht den Gläubigen, sakramental an diesem zentralen Mysterium des Glaubens teilzuhaben. Zusätzlich ist sie eine Zeit der Besinnung, des Gebets und der spirituellen Erneuerung.

Gemeinschaftsbildung: Gemeindeveranstaltungen fördern die Gemeinschaft und bieten die Möglichkeit, sich mit anderen Gläubigen auszutauschen und gegenseitig zu unterstützen. Diese Veranstaltungen können von Bibelstudiengruppen über Gebetskreise bis hin zu sozialen Aktivitäten reichen.

Soziale Projekte und Mission

Christlicher Glaube äußert sich auch im Engagement für soziale Projekte und Missionsarbeit. Diese Tätigkeiten sind Ausdruck der Nächstenliebe und des Auftrags, anderen zu helfen und das Evangelium zu verbreiten.

Beispiele und Anregungen für gemeindebasierte soziale Projekte und Missionsarbeit:

Suppenküchen und Tafeln: Viele Gemeinden organisieren Suppenküchen oder Tafeln, um Bedürftigen in der Gemeinschaft zu helfen. Diese Projekte bieten nicht nur Nahrung, sondern auch menschliche Wärme und Unterstützung.

Kinder- und Jugendprogramme: Gemeinden können Programme zur Unterstützung von Kindern und Jugendlichen anbieten, wie Nachhilfe, Freizeitaktivitäten und spirituelle Bildung. Diese Programme fördern nicht nur die persönliche Entwicklung, sondern auch den Glauben.

Missionseinsätze: Gemeindemitglieder können an Missionseinsätzen teilnehmen, um das Evangelium in andere Teile der Welt zu tragen und gleichzeitig praktische Hilfe zu leisten, wie der Bau von Schulen, die Versorgung mit medizinischer Hilfe und die Unterstützung lokaler Gemeinden.

Umweltprojekte: Einige Gemeinden engagieren sich in Umweltprojekten, wie der Pflege von Gemeinschaftsgärten oder der Organisation von Müllsammelaktionen. Diese Projekte fördern das

Bewusstsein für die Schöpfung und die Verantwortung, die wir dafür tragen.

Unterstützung und Hilfe

Der Glaube kann eine kraftvolle Motivation sein, anderen in der Gemeinschaft zu helfen. Durch den Glauben inspiriert, können wir aktiv dazu beitragen, das Leben anderer zu verbessern und die Gemeinschaft zu stärken.

Wie man durch den Glauben anderen in der Gemeinschaft helfen kann:

Praktische Unterstützung: Helfen Sie Nachbarn und Gemeindemitgliedern bei alltäglichen Aufgaben, wie Einkäufen, Gartenarbeit oder dem Transport zu Arztterminen. Kleine Gesten der Unterstützung können einen großen Unterschied machen.

Seelsorge und Begleitung: Bieten Sie seelsorgerische Unterstützung an, indem Sie Menschen in Krisensituationen zuhören, für sie beten und ihnen beistehen. Ein offenes Ohr und ein tröstendes Wort können viel bewirken.

Bildungsangebote: Engagieren Sie sich in Bildungsangeboten wie Sprachkursen für Migranten oder

Nachhilfeunterricht für Schüler. Bildung ist ein Schlüssel zur Selbstständigkeit und gesellschaftlichen Teilhabe.

Förderung der Gemeinschaft: Organisieren Sie oder nehmen Sie an gemeinschaftsbildenden Aktivitäten teil, wie Gemeindefesten, Ausflügen oder Sportveranstaltungen. Solche Aktivitäten stärken den Zusammenhalt und das Gemeinschaftsgefühl.

4.6 Fazit des Kapitels

Zusammenfassung der wichtigsten Punkte:

In diesem Kapitel haben wir die verschiedenen Wege erkundet, wie der Glaube im Alltag praktisch umgesetzt werden kann. Wir haben die Bedeutung persönlicher spiritueller Praktiken wie Gebet und Meditation hervorgehoben und konkrete Beispiele und Anleitungen gegeben, wie diese in den Alltag integriert werden können.

Persönliche spirituelle Praktiken: Wir haben die zentrale Rolle des Gebets und der Meditation besprochen, verschiedene Gebete vorgestellt und praktische Tipps zur Integration dieser Praktiken in den Alltag gegeben. Die Bedeutung der Dankbarkeit und Selbstreflexion wurde ebenfalls betont.

Glaube und Familie: Es wurde erläutert, wie eine glaubensbasierte Erziehung aussieht, welche Prinzipien und Praktiken dabei helfen und wie gemeinsame religiöse Rituale die familiären Bindungen stärken können. Die Rolle des Glaubens bei der Lösung familiärer Konflikte wurde ebenfalls behandelt.

Glaube und Beruf: Wir haben diskutiert, wie christliche Prinzipien am Arbeitsplatz angewendet werden können, wie man eine Balance zwischen Beruf und Glauben findet und wie man seinen Glauben im Berufsalltag leben und teilen kann.

Glaube und Gemeinschaft: Die Bedeutung der Teilnahme an Gemeindeveranstaltungen und Gottesdiensten wurde hervorgehoben, ebenso wie das Engagement in sozialen Projekten und Missionsarbeit. Wir haben aufgezeigt, wie der Glaube als Motivation dienen kann, anderen in der Gemeinschaft zu helfen.

Übergang zum nächsten Kapitel:

Im nächsten Kapitel werden wir uns weiterführenden Themen und praktischen Anleitungen widmen, um den Glauben im Alltag noch tiefer zu verankern und zu leben. Wir werden untersuchen, wie der

Glaube in verschiedenen Lebensbereichen weiter gestärkt und integriert werden kann, und bieten konkrete Strategien und Ressourcen, um diese Ziele zu erreichen.

Kapitel 5: Herausforderungen im Glaubensleben

5.1 Einführung

Zweck und Ziel des Kapitels

Dieses Kapitel befasst sich mit den Herausforderungen, die im Glaubensleben auftreten können. Es ist wichtig, sich diesen Herausforderungen zu stellen, da sie einen wesentlichen Teil des spirituellen Wachstumsprozesses darstellen. Glaubenszweifel und Krisen sind natürliche Phasen, die jeder Gläubige durchleben kann. Der Umgang mit diesen Herausforderungen stärkt nicht nur den Glauben, sondern vertieft auch das Verständnis und die Beziehung zu Gott.

Zweifel und Krisen sind oft Zeiten des Wandels und der Neuorientierung. Sie bieten die Möglichkeit, den eigenen Glauben zu hinterfragen, zu festigen und neu zu definieren. Dieses Kapitel soll den Lesern helfen, sich auf solche Zeiten vorzubereiten und ihnen Werkzeuge an die Hand geben, um ihren Glauben in schwierigen Zeiten zu bewahren und zu stärken. Gleichzeitig wollen wir aufzeigen, wie der Glaube in einer säkularen Gesellschaft gelebt werden kann und welche Strategien helfen, trotz

Anfechtungen und Diskriminierung standhaft zu bleiben.

Überblick über die kommenden Inhalte

In den folgenden Abschnitten dieses Kapitels werden wir verschiedene Themen und Herausforderungen im Glaubensleben behandeln:

Umgang mit Glaubenszweifeln: Wir werden Strategien und praktische Ansätze vorstellen, wie man mit Glaubenszweifeln umgehen kann. Darüber hinaus werden wir Geschichten von Menschen teilen, die durch ihre Zweifel gegangen sind und ihren Glauben dadurch gestärkt haben.

Krisenzeiten: Wir werden untersuchen, wie der Glaube in Zeiten persönlicher oder kollektiver Krisen Halt geben kann. Beispiele aus dem Leben von Gläubigen, die in solchen Zeiten ihren Glauben als Stütze empfunden haben, werden diese Themen vertiefen.

Glaube in einer säkularen Gesellschaft: In einer oft säkularen und atheistischen Umgebung ist es herausfordernd, seinen Glauben offen zu leben. Wir werden Strategien und Tipps besprechen, wie man seinen Glauben authentisch und standhaft leben kann.

Konflikte und Verfolgung: Religiöse Diskriminierung und Verfolgung sind in vielen Teilen der Welt real. Wir werden Geschichten und Strategien vorstellen, wie man mit solchen Herausforderungen umgehen kann und dabei im Glauben standhaft bleibt.

Praktische Ansätze zur Stärkung des Glaubens: Abschließend werden wir praktische Ansätze zur Stärkung des Glaubens diskutieren, darunter die Bedeutung der Gemeinschaftsunterstützung, die Vertiefung der spirituellen Praxis und die Rolle der religiösen Bildung.

Diese umfassende Darstellung soll den Lesern helfen, sich auf die Herausforderungen im Glaubensleben vorzubereiten und ihnen Wege aufzeigen, wie sie diese bewältigen und daran wachsen können.

5.2 Zweifel und Krisen

Umgang mit Glaubenszweifeln

Glaubenszweifel sind eine natürliche und oft unvermeidbare Erfahrung im spirituellen Leben. Sie können aus verschiedenen Gründen auftreten, sei es durch persönliche Herausforderungen, intellektuelle Fragen oder gesellschaftliche Einflüsse. Der Umgang mit diesen Zweifeln ist entscheidend für das geistige Wachstum und die Festigung des Glaubens.

Strategien zur Bewältigung von Zweifeln

Anerkennung der Zweifel: Der erste Schritt im Umgang mit Glaubenszweifeln ist die Anerkennung ihrer Existenz. Es ist wichtig, sich einzugestehen, dass Zweifel normal sind und ein Teil des spirituellen Wachstumsprozesses darstellen. Zweifel können uns dazu bringen, unseren Glauben zu hinterfragen und zu vertiefen.

Suche nach Wissen: Bildung und Wissen sind wesentliche Werkzeuge im Umgang mit Glaubenszweifeln. Das Studium der Heiligen Schrift, theologische Werke und philosophische Texte können helfen, intellektuelle Zweifel zu überwinden. Der Austausch mit Geistlichen und anderen Gläubigen kann zusätzliche Perspektiven bieten.

Gebet und Meditation: Gebet und Meditation sind kraftvolle Mittel, um innere Ruhe zu finden und spirituelle Klarheit zu erlangen. Im Gebet können wir Gott um Führung und Verständnis bitten.

Meditation kann helfen, den Geist zu beruhigen und den Fokus auf die spirituelle Verbindung zu legen.

Gemeinschaft und Unterstützung: Der Austausch mit anderen Gläubigen kann erheblichen Trost und Unterstützung bieten. Gemeinschaften und Gebetsgruppen sind Orte, an denen man offen über Zweifel sprechen und gemeinsam nach Lösungen suchen kann.

Reflexion und Tagebuchführung: Das Führen eines spirituellen Tagebuchs kann helfen, Gedanken und Zweifel zu ordnen. Reflexion über persönliche Erfahrungen und das Niederschreiben von Erkenntnissen können Klarheit und Perspektive schaffen.

Geschichten von Gläubigen

- C.S. Lewis, ein angesehener christlicher Schriftsteller und Theologe, erlebte in seiner Jugend intensive Glaubenszweifel. Lewis war ein bekennender Atheist, bevor er sich nach langen intellektuellen und spirituellen Kämpfen dem Christentum zuwandte. In seinem Buch "Überrascht von Freude" beschreibt er seine Reise vom Atheismus zum Glauben und wie intellektuelle Suche und persönliche

Erfahrungen ihn zur Annahme des christlichen Glaubens führten.

- Auch Mutter Teresa, bekannt für ihre Hingabe an die Armen und Bedürftigen, durchlebte tiefe spirituelle Krisen und Zweifel. In ihren privaten Briefen, die posthum veröffentlicht wurden, offenbart sie, dass sie lange Phasen der Dunkelheit und des Zweifels an Gottes Gegenwart durchlebte. Trotz dieser inneren Kämpfe hielt sie an ihrem Glauben fest und setzte ihre Arbeit fort, inspiriert durch das Beispiel Jesu und ihre Berufung, den Bedürftigen zu dienen.

- John Henry Newman, ein bedeutender Theologe und Konvertit zum Katholizismus, erlebte während seines spirituellen Weges intensive Zweifel und Kämpfe. Seine Suche nach Wahrheit führte ihn von der anglikanischen Kirche zur katholischen Kirche, und er wurde schließlich zu einem der einflussreichsten Theologen des 19. Jahrhunderts. In seinen Schriften teilt er seine geistigen Kämpfe und die tiefen Überzeugungen, die ihn schließlich zum Katholizismus führten.

- Anne Lamott, eine amerikanische Autorin, die für ihre ehrlichen und humorvollen Memoiren bekannt ist, beschreibt in ihren Büchern ihre eigene spirituelle Reise und die Kämpfe mit Glaubenszweifeln.

Ihre offenen und oft humorvollen Schilderungen bieten einen realistischen Einblick in die Herausforderungen und die Freude, die der Glaube mit sich bringen kann. Ihre Werke, wie "Traveling Mercies", zeigen, wie sie durch Zweifel hindurch zu einem tieferen Verständnis und einer festeren Beziehung zu Gott fand.

Diese Geschichten verdeutlichen, dass Zweifel ein natürlicher Teil des Glaubenslebens sind und dass sie oft der Ausgangspunkt für tiefere spirituelle Einsichten und eine stärkere Beziehung zu Gott sein können. Der Umgang mit Zweifeln erfordert Mut, Geduld und die Bereitschaft, sich auf eine spirituelle Reise einzulassen.

Krisenzeiten

In Krisenzeiten wird der Glaube oft auf die Probe gestellt. Persönliche oder kollektive Krisen wie Krankheit, Verlust, Naturkatastrophen oder gesellschaftliche Umwälzungen können zu tiefgreifenden Herausforderungen führen. Der Glaube kann jedoch eine wichtige Quelle des Trostes, der Stärke und der Hoffnung sein.

Glaube in persönlichen Krisen

Persönliche Krisen wie Krankheit, der Verlust eines geliebten Menschen oder berufliche Schwierigkeiten können den Glauben stark beanspruchen. In solchen Zeiten bietet der Glaube eine Quelle der Zuversicht und der inneren Stärke.

Krankheit und Heilung:

- Der österreichische Neurologe und Psychiater Viktor Frankl überlebte das Konzentrationslager und fand durch seinen Glauben und seine Philosophie des „Trotzdem Ja zum Leben sagen" Trost und einen Sinn im Leiden. Seine Erfahrungen und sein Glaube halfen ihm, eine neue Perspektive auf das Leben zu entwickeln und anderen zu helfen, die Kraft zu finden, schwierige Situationen zu überstehen.

- Joni Eareckson Tada, eine bekannte Autorin und Rednerin, wurde nach einem Tauchunfall querschnittsgelähmt. Trotz dieser schweren persönlichen Krise fand sie durch ihren Glauben an Gott neuen Lebenssinn und gründete die Organisation „Joni and Friends", die Menschen mit Behinderungen unterstützt.

Verlust und Trauer:

- Nach dem Tod seiner Frau schrieb C.S. Lewis „Über die Trauer", ein tief bewegendes Buch, das seine Kämpfe und seinen Glauben in Zeiten des Verlustes dokumentiert. Sein Glaube half ihm, den Schmerz zu verarbeiten und neue Hoffnung zu finden.

- Die Psychiaterin Elisabeth Kübler-Ross, bekannt für ihre Arbeit über den Tod und das Sterben, fand in ihrem Glauben Trost und eine tiefe spirituelle Verbindung, die sie durch ihre beruflichen und persönlichen Herausforderungen trug.

Berufliche und finanzielle Schwierigkeiten:

- Der Finanzberater Dave Ramsey erlebte selbst eine schwere finanzielle Krise, bevor er durch seinen Glauben und die Anwendung biblischer Finanzprinzipien wieder auf die Beine kam. Heute hilft er anderen, durch Schuldenfreiheit und finanzielles Management ein erfülltes Leben zu führen.

Glaube in kollektiven Krisen

Gesellschaftliche oder globale Krisen wie Naturkatastrophen oder politische Unruhen stellen ebenfalls große Herausforderungen dar. Der Glaube kann in solchen Zeiten eine Quelle der kollektiven Hoffnung und Solidarität sein.

Naturkatastrophen

- Erdbeben von Haiti 2010: Nach dem verheerenden Erdbeben in Haiti im Jahr 2010 spielten Kirchen und religiöse Organisationen eine zentrale Rolle bei der Bereitstellung von Hilfe und Unterstützung. Der Glaube half vielen Menschen, Hoffnung und Stärke zu finden, um die Katastrophe zu überstehen.

- Tsunami 2004: Nach dem Tsunami im Indischen Ozean im Jahr 2004 boten viele religiöse Organisationen und Kirchen Unterstützung und Hilfe an. Der Glaube gab vielen Betroffenen Kraft und Hoffnung, ihre Verluste zu bewältigen.

Wirtschaftliche Depression

- Weltwirtschaftskrise 1929: Während der Weltwirtschaftskrise fanden viele Menschen Trost und Unterstützung in ihren religiösen Gemeinschaften. Kirchen organisierten Suppenküchen und Hilfsprojekte, um die Not der Menschen zu lindern. Der Glaube half vielen, die Hoffnung nicht zu verlieren und sich gegenseitig zu unterstützen.

Diese Beispiele zeigen, dass der Glaube in Zeiten persönlicher und kollektiver Krisen eine wichtige Rolle spielen kann, indem er Trost, Stärke und Hoffnung bietet. Durch Gebet, Gemeinschaft und die Unterstützung durch Glaubensbrüder und -schwestern können Gläubige in schwierigen Zeiten ihren Glauben festigen und neue Perspektiven gewinnen.

5.3 Gesellschaftliche Herausforderungen

Glaube in einer säkularen Gesellschaft

Das Leben in einer überwiegend säkularen oder atheistischen Gesellschaft kann für gläubige Menschen eine große Herausforderung darstellen. Die Kultur und die sozialen Normen können oft im Widerspruch zu den Werten und Überzeugungen des Glaubens stehen. Es ist wichtig, Strategien zu entwickeln, um den Glauben authentisch und standhaft zu leben.

Leben im säkularen Umfeld: Strategien, um den Glauben in einem Umfeld zu leben, das überwiegend säkular oder atheistisch ist

- Bildung und Wissen: Eine fundierte Kenntnis der eigenen Glaubensgrundsätze und der theologischen Argumente ist entscheidend. Dies hilft nicht nur, den eigenen Glauben zu festigen, sondern ermöglicht auch eine respektvolle und informierte Diskussion mit Andersdenkenden. Lesen und Studium der Bibel sowie anderer religiöser Schriften und Werke von Theologen und Philosophen können dabei helfen, den Glauben zu vertiefen und intellektuell zu untermauern.

- Gemeinschaft und Unterstützung: Der Austausch mit anderen Gläubigen in Glaubensgemeinschaften bietet nicht nur Unterstützung, sondern auch eine Plattform, um gemeinsame Werte zu leben und zu teilen. Teilnahme an Bibelkreisen, Gebetsgruppen und anderen religiösen Veranstaltungen stärkt das Gemeinschaftsgefühl und bietet eine wertvolle Unterstützung in einer säkularen Umgebung.

- Aktives Engagement: Sich in sozialen und gemeinnützigen Projekten zu engagieren, zeigt den Glauben in Aktion. Dies kann nicht nur helfen, den Glauben authentisch zu leben, sondern auch ein positives Beispiel für andere sein. Durch das Engagement in der Gemeinde oder in religiösen Organisationen kann man einen positiven Einfluss auf die Gesellschaft ausüben und zeigen, wie der Glaube das Leben bereichern kann.

- Gebet und Meditation: Regelmäßiges Gebet und Meditation helfen, sich auf das Wesentliche zu konzentrieren und innere Ruhe und Klarheit zu finden. Dies ist besonders wichtig in einer Umgebung, die oft ablenkend und herausfordernd sein kann.

Authentizität und Standhaftigkeit: Tipps, wie man authentisch bleibt und seinen Glauben nicht versteckt

- Selbstbewusstsein und Überzeugung: Es ist wichtig, selbstbewusst und überzeugt von den eigenen Glaubensüberzeugungen zu sein. Dies erfordert Mut und innere Stärke, um in einem oft kritischen Umfeld standhaft zu bleiben. Die Entwicklung eines starken geistigen Fundaments durch Bildung, Gebet und Reflexion kann dabei helfen, diese innere Stärke zu finden.

- Offenheit und Dialog: Offene und respektvolle Gespräche über den Glauben können helfen, Missverständnisse zu klären und Vorurteile abzubauen. Es ist wichtig, bereit zu sein, Fragen zu beantworten und die eigenen Überzeugungen zu erklären. Durch Dialog können Brücken gebaut werden, die zu einem besseren Verständnis und einer gegenseitigen Wertschätzung führen.

- Integrität und Konsistenz: Authentizität bedeutet, den Glauben in allen Bereichen des Lebens zu leben und nicht nur in privaten oder kirchlichen Kontexten. Dies erfordert Integrität und Konsistenz im Verhalten und in den Entscheidungen. Ein Leben in Übereinstimmung mit den eigenen Glaubensgrundsätzen kann ein kraftvolles Zeugnis sein und anderen als Vorbild dienen.

- Geduld und Toleranz: Es ist wichtig, geduldig und tolerant gegenüber Andersdenkenden zu sein. Nicht jeder wird den Glauben verstehen oder respektieren, aber durch Geduld und Toleranz kann man einen positiven Einfluss ausüben. Ein respektvoller Umgang mit Kritik und Ablehnung zeigt Stärke und fördert ein friedliches Zusammenleben.

Diese Strategien helfen Gläubigen, ihren Glauben in einer säkularen Gesellschaft authentisch und standhaft zu leben. Sie bieten praktische Ansätze, um den Glauben zu festigen und zu zeigen, dass religiöse Überzeugungen eine positive Kraft im Leben und in der Gesellschaft sein können.

Konflikte und Verfolgung

Glaube und Religion können in einer säkularen oder religionskritischen Gesellschaft oft zu Konflikten und Diskriminierung führen. Es ist wichtig, Strategien zu entwickeln, um mit diesen Heraus-forderungen umzugehen, und sich von den Geschichten derer inspirieren zu lassen, die trotz Verfolgung standhaft geblieben sind.

Umgang mit religiöser Diskriminierung

Religiöse Diskriminierung kann sich in verschiedenen Formen äußern, sei es durch soziale Ausgrenzung, berufliche Nachteile oder direkte Angriffe. Der Umgang mit dieser Art von Diskriminierung erfordert Mut, Weisheit und eine tiefe Verwurzelung im Glauben.

- Bewusstsein und Aufklärung: Bildung und Information: Informieren Sie sich und andere über die eigenen Rechte und die Gesetze, die religiöse Freiheit schützen. Dies hilft, sich in Situationen der Diskriminierung selbstbewusst zu verteidigen.

- Aufklärung und Dialog: Fördern Sie den Dialog und die Aufklärung in Ihrem Umfeld, um Vorurteile und Missverständnisse abzubauen. Oft entsteht Diskriminierung aus Unwissenheit und Angst vor dem Unbekannten.

- Unterstützung und Gemeinschaft: Suche nach Unterstützung: Wenden Sie sich an religiöse Gemeinschaften, Organisationen und Rechtsberatungen, die Hilfe in Fällen von Diskriminierung anbieten. Der Rückhalt durch eine Gemeinschaft kann erheblichen Trost und praktische Unterstützung bieten.

- Netzwerke und Allianzen: Bilden Sie Netzwerke und Allianzen mit anderen Glaubensgruppen und säkularen Organisationen, die sich für Menschenrechte und religiöse Freiheit einsetzen.

- Innere Stärke und Gebet: Gebet und Meditation: Ziehen Sie Kraft aus dem Gebet und der Meditation, um innerlich stark und zentriert zu bleiben. Diese spirituellen Praktiken können helfen, in schwierigen Zeiten Frieden und Klarheit zu finden.

- Vorbild und Inspiration: Lassen Sie sich von den Geschichten inspirieren, wie andere Gläubige mit Diskriminierung umgegangen sind und dabei stark geblieben sind.

Geschichten von Gläubigen

- Der deutsche Theologe Dietrich Bonhoeffer, ein prominenter Gegner des Nationalsozialismus, wurde wegen seines Widerstandes gegen Hitler und seine Politik inhaftiert und schließlich hingerichtet. Trotz dieser extremen Verfolgung blieb Bonhoeffer standhaft in seinem Glauben und fand in seiner Gefangenschaft Trost und Kraft durch das Gebet und das Schreiben spiritueller Texte.

- Die beiden iranischen Christinnen Maryam Rostampour und Marziyeh Amirizadeh wurden wegen ihres Glaubens und ihrer missionarischen Aktivitäten inhaftiert. Trotz der harten Bedingungen im Gefängnis hielten sie an ihrem Glauben fest und nutzten die Zeit, um anderen Gefangenen von ihrer Religion zu erzählen und zu beten. Ihre Geschichte zeigt den Mut und die Standhaftigkeit, die der Glaube in schwierigen Zeiten geben kann.

Verfolgung: Beispiele von Menschen, die trotz Verfolgung standhaft im Glauben geblieben sind

Religiöse Verfolgung ist in vielen Teilen der Welt eine traurige Realität. Doch auch in den dunkelsten Zeiten gibt es Geschichten von Glaubensstärke und unerschütterlicher Überzeugung.

- Martin Luther King Jr., ein führender Bürgerrechtler und Baptistenprediger, setzte sich trotz wiederholter Drohungen, Verhaftungen und letztlich seines Attentats unermüdlich für Gleichberechtigung und soziale Gerechtigkeit ein. Sein Glaube an Gott und an die biblischen Prinzipien der Gerechtigkeit und Liebe trugen ihn durch viele Herausforderungen und inspirierten seine Reden und Aktionen.

- Erzbischof Oscar Romero aus El Salvador sprach sich offen gegen die Gewalt und Unterdrückung durch die Militärregierung aus und setzte sich für die Armen und Unterdrückten ein. Trotz Drohungen und letztlich seiner Ermordung während einer Messe blieb er seinem Glauben und seinen Überzeugungen treu.

- Asia Bibi, eine pakistanische Christin, wurde wegen Blasphemie zum Tode verurteilt und verbrachte fast ein Jahrzehnt in Haft, bevor sie freigesprochen wurde. Trotz der extremen Härten, die sie ertragen musste, blieb sie ihrem Glauben treu und fand Trost und Stärke in ihrem Gebet und ihrer Überzeugung.

Diese Geschichten zeigen, dass der Glaube selbst in den schwierigsten und gefährlichsten Situationen Halt geben kann. Sie sind Beispiele für den Mut und die Standhaftigkeit, die der Glaube verleihen kann, und bieten Inspiration für alle, die in ihrem eigenen Glaubensleben auf Herausforderungen stoßen.

5.4 Praktische Ansätze zur Stärkung des Glaubens

Gemeinschaftsunterstützung

Die Unterstützung durch Glaubensgemeinschaften spielt eine entscheidende Rolle bei der Stärkung und Festigung des Glaubens. In einer Gemeinschaft finden Gläubige nicht nur spirituelle Unterstützung, sondern auch soziale Bindungen und praktische Hilfe.

- Bedeutung der Gemeinschaft: Gemeinschaft als Stütze: Eine Glaubensgemeinschaft bietet ein Netzwerk von Menschen, die ähnliche Überzeugungen und Werte teilen. Diese Gemeinschaft kann in Zeiten der Freude und des Leids Unterstützung bieten und hilft, den Glauben zu stärken.

- Soziale Bindungen: Die Teilnahme an Gemeinschaftsaktivitäten fördert soziale Bindungen und schafft ein Gefühl der Zugehörigkeit. Dies kann besonders wichtig sein, wenn man in einem Umfeld lebt, das den Glauben nicht teilt oder unterstützt.

- Praktische Hilfe und Unterstützung: Gemeinschaftsprojekte: Viele Glaubensgemeinschaften organisieren Projekte und Veranstaltungen, die praktische Hilfe bieten, wie z.B. Suppenküchen,

Obdachlosenhilfe und andere karitative Aktivitäten. Diese Projekte bieten nicht nur Unterstützung für Bedürftige, sondern auch eine Möglichkeit für die Mitglieder, ihren Glauben durch Taten zu leben.

- Seelsorge und Beratung: Viele Gemeinden bieten Seelsorge und Beratung an, die in persönlichen Krisen und bei Glaubenszweifeln helfen können. Diese Unterstützung kann eine wertvolle Ressource sein, um den Glauben zu stärken und Herausforderungen zu bewältigen.

Spirituelle Praxis

Die Vertiefung der spirituellen Praxis ist ein zentraler Bestandteil der Stärkung des Glaubens. Regelmäßiges Gebet, Meditation und die Teilnahme an Gottesdiensten sind wichtige Elemente dieser Praxis.

- Gebet und Meditation: Regelmäßiges Gebet: Das tägliche Gebet ist eine wesentliche Praxis, um eine enge Beziehung zu Gott aufrechtzuerhalten. Es bietet die Möglichkeit, Dankbarkeit auszudrücken, um Führung zu bitten und inneren Frieden zu finden. Traditionelle Gebete wie das Vaterunser und das Ave Maria können in den Tagesablauf integriert werden.

- Meditation: Meditation hilft, den Geist zu beruhigen und sich auf die Gegenwart Gottes zu konzentrieren. Diese Praxis kann helfen, spirituelle Klarheit zu erlangen und den Glauben zu vertiefen.

- Teilnahme an Gottesdiensten: Regelmäßige Gottesdienste: Die Teilnahme an Gottesdiensten ist eine Möglichkeit, den Glauben zu feiern und in der Gemeinschaft zu erleben. Gottesdienste bieten eine strukturierte Gelegenheit zur Anbetung und zur Reflexion über spirituelle Themen.

- Sakramente und Rituale: Die Teilnahme an Sakramenten und religiösen Ritualen, wie der Eucharistie im Christentum, stärkt die Verbindung zu Gott und der Glaubensgemeinschaft.

Bildung und Wissen

Religiöse Bildung und das Wissen um die eigenen Glaubensgrundsätze sind entscheidend, um den Glauben zu stärken und zu festigen. Ein fundiertes Verständnis der eigenen Religion hilft, den Glauben zu verteidigen und intellektuelle Zweifel zu überwinden.

- Studium der Heiligen Schrift: Bibelstudium: Das regelmäßige Studium der Bibel oder anderer heiliger Schriften bietet tiefe Einblicke in die Lehren und Geschichten des Glaubens. Bibelkreise und Studiengruppen können dabei helfen, das Verständnis zu vertiefen und den Glauben zu stärken.

- Theologische Werke: Das Lesen und Studieren theologischer Werke und Schriften von Kirchenvätern, Theologen und spirituellen Lehrern kann helfen, ein tieferes Verständnis des Glaubens zu entwickeln.

Religiöse Bildung:

- Religiöse Schulen und Bildungseinrichtungen: Der Besuch religiöser Schulen und Bildungseinrichtungen bietet eine fundierte Ausbildung in religiösen und theologischen Themen. Diese Bildung hilft, den Glauben intellektuell zu untermauern und zu festigen.

- Online-Kurse und Seminare: Viele religiöse Organisationen bieten Online-Kurse und Seminare an, die eine flexible Möglichkeit bieten, religiöse Bildung zu vertiefen und sich mit anderen Gläubigen auszutauschen.

Diese praktischen Ansätze zur Stärkung des Glaubens bieten Wege, den Glauben im Alltag zu festigen und zu vertiefen. Gemeinschaftsunterstützung, spirituelle Praxis und religiöse Bildung sind wesentliche Elemente, um eine tiefe und beständige Beziehung zu Gott zu entwickeln und den Glauben in einer säkularen Welt zu leben.

5.5 Fazit des Kapitels

Zusammenfassung der wichtigsten Punkte

In diesem Kapitel haben wir die Herausforderungen beleuchtet, die Gläubige in ihrem Glaubensleben bewältigen müssen, insbesondere in einer zunehmend säkularen Gesellschaft. Wir haben folgende zentrale Punkte behandelt:

Zweifel und Krisen

Strategien zur Bewältigung von Glaubenszweifeln: Bildung und Wissen, Gemeinschaft und Unterstützung, Gebet und Meditation.

Geschichten von Gläubigen wie C.S. Lewis, Mutter Teresa, John Henry Newman und Anne Lamott, die durch Glaubenszweifel gegangen sind und ihren Glauben gestärkt haben.

Der Glaube in persönlichen Krisen bietet Trost und Stärke, wie die Beispiele von Viktor Frankl und Joni Eareckson Tada zeigen. In kollektiven Krisen, wie Naturkatastrophen oder wirtschaftlichen Depressionen, spielt der Glaube eine wichtige Rolle in der Unterstützung und dem Zusammenhalt der Gemeinschaft.

Gesellschaftliche Herausforderungen

Leben im säkularen Umfeld: Strategien zur Bewältigung der Herausforderungen, um den Glauben authentisch und standhaft zu leben.

Authentizität und Standhaftigkeit: Tipps zur Bewahrung der Integrität und Konsistenz im Glaubensleben.

Umgang mit religiöser Diskriminierung: Bildung und Aufklärung, Unterstützung durch Gemeinschaften und Netzwerke sowie innere Stärke durch Gebet und Meditation.

Geschichten von standhaften Gläubigen wie Dietrich Bonhoeffer, Maryam Rostampour und Marziyeh Amirizadeh sowie Asia Bibi, die trotz Verfolgung ihren Glauben bewahrten.

Praktische Ansätze zur Stärkung des Glaubens:

Gemeinschaftsunterstützung: Die Bedeutung von Glaubensgemeinschaften und deren Unterstützung.

Vertiefung der spirituellen Praxis durch regelmäßiges Gebet, Meditation und Teilnahme an Gottesdiensten.

Religiöse Bildung und Wissen: Die Rolle von religiöser Bildung und Wissen zur Festigung des Glaubens.

Übergang zum nächsten Kapitel

Im nächsten Kapitel werden wir uns weiterführenden Themen und praktischen Anleitungen widmen, um den Glauben im Alltag noch tiefer zu verankern. Wir werden konkrete Beispiele und Tipps geben, wie der Glaube aktiv gelebt und in verschiedenen Lebensbereichen integriert werden kann.

Kapitel 6: Weiterführende Themen und praktische Anleitungen

6.1 Einführung

Zweck und Ziel des Kapitels

Nach der intensiven Auseinandersetzung mit den grundlegenden Prinzipien und Herausforderungen des Glaubenslebens in den vorherigen Kapiteln, richtet sich dieses Kapitel darauf, weiterführende Themen und praktische Anleitungen zu bieten. Der Zweck dieses Kapitels ist es, den Lesern vertiefende Ansätze und konkrete Schritte an die Hand zu geben, wie sie ihren Glauben im Alltag leben und weiterentwickeln können.

Ein Glaubensleben erfordert kontinuierliches Lernen und Wachstum. Es geht nicht nur darum, den Glauben zu bewahren, sondern auch darum, ihn aktiv zu vertiefen und zu erweitern. Dieses Kapitel zielt darauf ab, den Lesern dabei zu helfen, durch weiterführende spirituelle Praktiken, den bewussten Einsatz von Technologie, interreligiösen Dialog und praktische Anleitungen zur Lebensführung und zum gesellschaftlichen Engagement ihren Glauben lebendig und relevant zu halten.

Überblick über die kommenden Inhalte

Dieses Kapitel behandelt eine Vielzahl von Themen, die den Glauben im Alltag bereichern und stärken können:

Weiterführende spirituelle Praktiken

Pilgerreisen und spirituelle Rückzüge: Die Bedeutung und der Nutzen von spirituellen Reisen und Rückzügen sowie Beispiele und Erfahrungsberichte von Menschen, die diese Praktiken in ihr Leben integriert haben.

Rituale und Sakramente: Eine vertiefende Betrachtung der Bedeutung von Ritualen und Sakramenten und praktische Anleitungen, wie diese im täglichen Leben integriert werden können.

Glauben in der modernen Welt

Technologie und Glaube: Möglichkeiten, wie Technologie zur Vertiefung des Glaubens genutzt werden kann, und Hinweise zum bewussten und achtsamen Umgang mit digitalen Medien.

Interreligiöser Dialog und Toleranz: Die Bedeutung des Dialogs mit anderen Religionen und praktische Tipps für respektvolle und fruchtbare Gespräche.

Praktische Anleitungen zur Lebensführung

Zeiteinteilung und Prioritäten: Strategien zur Balance zwischen Glauben und Alltag und Tipps, wie der Glaube im Mittelpunkt des Lebens bleiben kann.

Nachhaltigkeit und Ethik: Anleitungen für einen nachhaltigen Lebensstil im Einklang mit dem Glauben und praktische ethische Entscheidungen im täglichen Leben.

Gemeinschaft und gesellschaftliches Engagement

Aktive Teilnahme in der Gemeinde: Die Bedeutung der Gemeinschaft und Beispiele für Engagement in der Gemeinde.

Soziale Gerechtigkeit und Mission: Die Rolle des Glaubens in der Förderung sozialer Gerechtigkeit und praktische Anleitungen für Engagement in sozialen Projekten und Missionen.

Zusammenfassung der wichtigsten Punkte

Dieses Kapitel bietet eine Fülle von weiterführenden Themen und praktischen Anleitungen, um den Glauben im Alltag zu vertiefen und zu leben. Es stellt verschiedene spirituelle Praktiken vor, zeigt den bewussten Einsatz von Technologie und die Bedeutung des interreligiösen Dialogs, bietet praktische Anleitungen zur Lebensführung und betont die Bedeutung von Gemeinschaft und gesellschaftlichem Engagement.

6.2 Weiterführende spirituelle Praktiken

Pilgerreisen und spirituelle Rückzüge

Bedeutung und Nutzen

Pilgerreisen und spirituelle Rückzüge sind kraftvolle Mittel, um den Glauben zu vertiefen und eine tiefere Verbindung zu Gott zu finden. Sie bieten eine willkommene Pause vom hektischen Alltag und ermöglichen eine intensive Auseinandersetzung mit dem eigenen Glauben und spirituellen Fragen.

Pilgerreisen

Bedeutung: Pilgerreisen haben eine lange Tradition in vielen Religionen. Sie symbolisieren die Suche nach spiritueller Erneuerung und dem Streben nach einer tieferen Verbindung zu Gott. Das Gehen auf den Spuren heiliger Stätten kann den Glauben vertiefen und neue Perspektiven eröffnen.

Nutzen: Pilgerreisen bieten die Möglichkeit, sich von den täglichen Ablenkungen zu lösen und sich ganz auf die spirituelle Erfahrung zu konzentrieren. Sie fördern die Selbstreflexion und können eine transformative Wirkung auf das eigene Glaubensleben haben.

Spirituelle Rückzüge

Bedeutung: Ein spiritueller Rückzug ist eine Zeit der Besinnung und des Gebets, oft in einem Kloster oder einem anderen abgelegenen Ort. Diese Zeiten der Stille und des Gebets bieten die Gelegenheit, den eigenen Glauben zu vertiefen und neue spirituelle Einsichten zu gewinnen.

Nutzen: Rückzüge ermöglichen es, dem hektischen Alltag zu entfliehen und sich intensiv mit dem eigenen Glauben auseinanderzusetzen. Sie fördern die innere Ruhe und können helfen, eine tiefere Beziehung zu Gott aufzubauen.

Beispiele und Erfahrungsberichte

Pilgerreisen

- Jakobsweg: Eine der bekanntesten Pilgerreisen ist
der Jakobsweg, der nach Santiago de Compostela in
Spanien führt. Viele Pilger berichten von tiefen spirituellen Erfahrungen und einer Stärkung ihres
Glaubens durch diese Reise. Ein Beispiel ist Hape
Kerkeling, ein bekannter deutscher Entertainer, der
seine Erlebnisse auf dem Jakobsweg in seinem
Buch "Ich bin dann mal weg" beschreibt. Er berichtet von einer tiefen inneren Wandlung und einer
neuen Perspektive auf sein Leben und seinen Glauben.

- Fatima, in Portugal, ist ein bedeutender Wallfahrtsort, an dem die Jungfrau Maria 1917 drei Hir-
tenkindern erschienen ist. Pilger reisen aus der ganzen Welt nach Fatima, um an den heiligen Stätten
zu beten, die mit den Marienerscheinungen verbunden sind. Besonders beeindruckend sind die
Lichterprozessionen, die jedes Jahr am 13. Mai und
13. Oktober stattfinden, an denen tausende von
Gläubigen teilnehmen. Viele Pilger berichten von
tiefen spirituellen Erlebnissen und innerem Frieden, den sie in Fatima gefunden haben.

- Lourdes, in Südfrankreich, ist einer der berühm-
testen Wallfahrtsorte der Welt. Hier ist die Jungfrau
Maria 1858 einem Mädchen namens Bernadette
Soubirous erschienen. Die Grotte von Massabielle,
wo die Erscheinungen stattfanden, zieht Millionen
von Pilgern an, die an den Heilquellen Wasser
schöpfen, das als heilkräftig gilt. Viele Menschen,
darunter auch unheilbar Kranke, reisen nach Lourdes in der Hoffnung auf Heilung oder um Trost und
spirituelle Erneuerung zu finden.

- Rom, die Ewige Stadt, ist das Zentrum der katholischen Kirche und ein bedeutender Pilgerort. Pilger
besuchen die vier Hauptbasiliken, insbesondere
den Petersdom, der auf dem Grab des Apostels Pet-
rus errichtet wurde. Die Stadt bietet zahlreiche spirituelle Orte und Reliquien, die gläubige Christen
aus aller Welt anziehen. Die Erfahrung, die heiligen
Stätten des frühen Christentums und das Herz der
katholischen Kirche zu besuchen, vertieft den Glauben vieler Pilger.

- Loretto, in Italien, ist berühmt für das "Heilige
Haus", von dem die Legende besagt, dass es das Zu-
hause der Jungfrau Maria in Nazareth war und von
Engeln nach Loretto gebracht wurde. Der Ort ist seit
Jahrhunderten ein Ziel für Pilger, die den Wunsch
haben, dem Glauben und der Muttergottes näher

zu kommen. Loretto ist bekannt für seine Ruhe und die Möglichkeit zur Besinnung und Vertiefung des Glaubens.

- Medjugorje, in Bosnien-Herzegowina, ist ein moderner Wallfahrtsort, bekannt für die Berichte von Marienerscheinungen seit 1981. Obwohl die Erscheinungen von der katholischen Kirche noch nicht offiziell anerkannt sind, zieht der Ort jährlich Millionen von Pilgern an. Viele berichten von tiefen spirituellen Erfahrungen und einem erneuerten Glauben. Medjugorje ist auch bekannt für die zahlreichen Beichten und Bekehrungen, die dort stattfinden.

- Das Heilige Land: Eine Pilgerreise ins Heilige Land, insbesondere nach Jerusalem, Bethlehem und Nazareth, ermöglicht es den Gläubigen, die Orte zu besuchen, an denen Jesus Christus gelebt, gepredigt, gestorben und auferstanden ist. Diese Reise gilt als besonders bedeutend, da sie die biblischen Geschichten lebendig werden lässt und eine tiefe Verbindung zur Geschichte des christlichen Glaubens ermöglicht. Pilger berichten oft von einem intensiveren Verständnis ihres Glaubens und einer tieferen Beziehung zu Gott nach dem Besuch dieser heiligen Stätten.

Spezielle Reisebüros bieten zahlreiche Pilgerreisen zu heiligen Stätten in Europa und der Welt an. Diese Reisen sind oft gut organisiert und bieten den Teilnehmern die Möglichkeit, ihren Glauben in Gemeinschaft mit anderen Pilgern zu vertiefen.

Spirituelle Rückzüge

- Das Kloster Maria Engelport im Flaumbachtal nahe der Mosel bietet regelmäßig Exerzitien und spirituelle Rückzüge an. Diese Veranstaltungen ermöglichen es den Teilnehmern, sich intensiv mit ihrem Glauben auseinanderzusetzen und eine tiefere spirituelle Verbindung zu Gott zu finden.

- Das Kloster Marienrode bei Hildesheim bietet ebenfalls spirituelle Rückzüge und Exerzitien an. Diese Zeiten der Besinnung und des Gebets helfen den Teilnehmern, innere Ruhe zu finden und ihren Glauben zu vertiefen.

- Das Benediktinerkloster Andechs auf dem Heiligen Berg in Bayern bietet neben seiner berühmten Wallfahrtskirche auch spirituelle Exerzitien und Besinnungstage an. Die Kombination aus beeindruckender Natur und spirituellem Rückzug macht diesen Ort besonders anziehend für Menschen, die nach einer tieferen Verbindung zu ihrem Glauben suchen.

- Kloster Ottobeuren (Bayern). Dieses Benediktinerkloster im Allgäu bietet eine Vielzahl von spirituellen Programmen an, darunter Exerzitien und Tage der Stille. Die prachtvolle Barockarchitektur und die spirituelle Atmosphäre machen Ottobeuren zu einem idealen Ort für Rückzüge und Besinnung.

- Die Benediktinerabtei Maria Laach am Laacher See ist nicht nur für ihre atemberaubende romanische Architektur bekannt, sondern auch für die spirituellen Angebote, die sie das ganze Jahr über anbietet. Exerzitien und meditative Tage helfen den Besuchern, eine tiefere Beziehung zu Gott zu entwickeln.

- Kloster Ettal (Bayern). Im bayerischen Alpenvorland gelegen, bietet das Benediktinerkloster Ettal Exerzitien und spirituelle Seminare an, die besonders auf die Vertiefung des persönlichen Glaubens und die innere Erneuerung ausgerichtet sind.

- Kloster Heiligenkreuz (Österreich). Dieses Zisterzienserkloster in der Nähe von Wien ist eines der ältesten und bedeutendsten Klöster Mitteleuropas. Es bietet regelmäßige Exerzitien und spirituelle

Rückzüge an, die es den Teilnehmern ermöglichen, sich vom Alltagsstress zu lösen und ihre spirituelle Praxis zu vertiefen.

- Santuario di San Francesco del Deserto (Italien). Dieses Franziskanerkloster auf einer kleinen Insel in der Lagune von Venedig bietet eine besonders ruhige und abgeschiedene Umgebung für spirituelle Rückzüge. Es ist bekannt für seine Stille und Besinnung auf die Einfachheit und die Lehren des Heiligen Franz von Assisi.

- Kloster Eberbach (Hessen). Inmitten der Weinberge des Rheingaus gelegen, bietet dieses ehemalige Zisterzienserkloster eine beeindruckende Kulisse für spirituelle Exerzitien. Die Atmosphäre des Klosters lädt zur Ruhe und Reflexion ein, was den Besuchern hilft, ihren Glauben zu vertiefen und neue Kraft zu schöpfen.

Diese Orte bieten eine Vielfalt an Möglichkeiten, sich spirituell zurückzuziehen und Exerzitien zu machen. Jeder Ort hat seine eigene besondere Atmosphäre und Geschichte, die den spirituellen Rückzug zu einer einzigartigen Erfahrung machen kann.

Exerzitien und religiöse Lernprogramme:

Exerzitien: Exerzitien sind geistliche Übungen, die oft von kirchlichen Gruppen und Gemeinschaften angeboten werden. Sie bieten eine strukturierte Möglichkeit, den Glauben zu vertiefen und spirituelle Erfahrungen zu machen. Beispiele sind das Jesuitenexerzitienhaus in Münster oder das Benediktiner-Kloster Nütschau in der Nähe Hamburg, die regelmäßig Programme für verschiedene Zielgruppen anbietet.

Religiöse Lernprogramme: Viele religiöse Gemeinschaften bieten Programme zur religiösen Bildung und spirituellen Erneuerung an. Diese Programme helfen den Teilnehmern, ein tieferes Verständnis ihres Glaubens zu entwickeln und ihre spirituelle Praxis zu stärken.

Diese Beispiele zeigen, wie Pilgerreisen und spirituelle Rückzüge dazu beitragen können, den Glauben zu vertiefen und eine stärkere Verbindung zu Gott zu finden. Sie bieten eine wertvolle Gelegenheit, sich von den Ablenkungen des Alltags zu lösen und sich ganz auf die spirituelle Erfahrung zu konzentrieren.

Rituale und Sakramente

Vertiefung des Verständnisses

Heilige Messe:

Die Heilige Messe, insbesondere im katholischen Christentum, hat eine zentrale Bedeutung. Sie ist mehr als nur ein Gottesdienst; sie ist die liturgische Feier des Opfers Christi am Kreuz. Die katholische Kirche lehrt, dass die Messe die sakramentale Erneuerung des Kreuzesopfers ist, durch die die Erlösung der Menschheit weitergeführt wird.

Erneuerung des Kreuzesopfers: In jeder Messe wird das Opfer Christi am Kreuz gegenwärtig gesetzt. Es ist keine Wiederholung, sondern eine sakramentale Vergegenwärtigung. Christus, der Hohepriester, bietet sich selbst dem Vater als Opfer für die Sünden der Menschheit dar.

Gemeinschaft und Eucharistie: Die Gläubigen nehmen an der Messe teil, um die Gemeinschaft mit Christus und untereinander zu feiern. Durch die Eucharistie empfangen sie den Leib und das Blut Christi, was ihre geistliche Einheit mit ihm und mit der Kirche stärkt.

Die sieben Sakramente:

Die katholische Kirche kennt sieben Sakramente, die als sichtbare Zeichen der unsichtbaren Gnade Gottes betrachtet werden. Jedes Sakrament hat eine besondere Bedeutung und spielt eine wesentliche Rolle im Leben eines Gläubigen.

Taufe

Bedeutung: Die Taufe ist das erste Sakrament und der Eintritt in die Gemeinschaft der Christen. Sie reinigt von der Erbsünde und allen persönlichen Sünden und verleiht das neue Leben in Christus.

Ritual: Die Taufe erfolgt durch das Untertauchen in Wasser oder durch das Übergießen mit Wasser, begleitet von den Worten: „Ich taufe dich im Namen des Vaters und des Sohnes und des Heiligen Geistes."

Firmung

Bedeutung: Die Firmung stärkt die Taufgnade und vermittelt die Gabe des Heiligen Geistes. Sie befähigt die Gläubigen, als vollwertige Mitglieder der Kirche zu leben und ihren Glauben öffentlich zu bekennen.

Ritual: Die Firmung wird durch das Auflegen der Hände und die Salbung mit Chrisamöl durch den Bischof oder einen bevollmächtigten Priester vollzogen.

Eucharistie (Kommunion)

Bedeutung: Die Eucharistie ist das Sakrament der Gegenwart Christi unter den Gestalten von Brot und Wein. Sie ist das zentrale Sakrament der christlichen Gemeinschaft und das Sakrament der Einheit.

Ritual: Während der Heiligen Messe werden Brot und Wein in den Leib und das Blut Christi verwandelt. Die Gläubigen empfangen die Eucharistie als Nahrung für ihre Seele und als Zeichen der Gemeinschaft mit Christus und der Kirche.

Ehe

Bedeutung: Die Ehe ist das Sakrament der lebenslangen Verbindung zwischen einem Mann und einer Frau. Es symbolisiert die treue und unauflösliche Liebe Christi zu seiner Kirche.

Ritual: Die Eheschließung erfolgt durch das gegenseitige Eheversprechen vor einem Priester und zwei

Zeugen. Die Eheleute spenden sich das Sakrament gegenseitig durch ihren freien und bewussten Willen, die Ehe einzugehen.

Priesterschaft (Weihe)

Bedeutung: Die Priesterweihe ist das Sakrament, durch das Männer in den Dienst der Kirche gestellt werden, um die Sakramente zu spenden und die Gemeinschaft zu leiten.

Ritual: Die Weihe erfolgt durch das Auflegen der Hände und das Gebet des Bischofs. Der Geweihte erhält die Vollmacht, die Sakramente zu feiern und die Gemeinde zu leiten.

Beichte (Buße)

Bedeutung: Die Beichte ist das Sakrament der Versöhnung, durch das die Sünden, die nach der Taufe begangen wurden, vergeben werden. Es bietet die Möglichkeit zur Umkehr und zur erneuten Vereinigung mit Gott und der Kirche, sofern die Sünden ernsthaft bekannt und aufrichtig bereut werden.

Ritual: Der Gläubige bekennt seine Sünden vor einem Priester und erhält durch das Absolutiongebet die Vergebung der Sünden. Die Vergebung erfolgt durch den Priester, der stellvertretend für Jesus Christus und Gott handelt, da nur Gott Sünden vergeben kann.

Krankensalbung (Letzte Ölung)

Bedeutung: Die Krankensalbung ist das Sakrament der Stärkung und Heilung für kranke und sterbende Gläubige. Es vermittelt Trost, Frieden und Vergebung der Sünden.

Ritual: Die Krankensalbung erfolgt durch das Auflegen der Hände und die Salbung mit heiligem Öl, begleitet von Gebeten um Heilung und Stärkung.

Hinweis: Es ist wichtig zu erwähnen, dass nicht alle christlichen Kirchen diese sieben Sakramente anerkennen. Einige protestantische Kirchen erkennen nur die Taufe und die Eucharistie (Abendmahl) als Sakramente an, während andere christliche Gemeinschaften unterschiedliche Auffassungen über die Anzahl und Bedeutung der Sakramente haben.

Praktische Anleitungen

Integration in den Alltag
Tägliche Andachten: Nutzen Sie kurze Gebete und Meditationen, um die Sakramente im Alltag

lebendig zu halten. Beginnen Sie den Tag mit einem Gebet, das an die Taufe erinnert, und beenden Sie den Tag mit einem Akt der Reue.

Regelmäßige Teilnahme an der Messe: Besuchen Sie regelmäßig die Heilige Messe, um die Eucharistie zu empfangen und die Gemeinschaft mit Christus zu stärken.

Familienrituale

Sakramentale Vorbereitung: Bereiten Sie sich und Ihre Familie auf die Sakramente vor, indem Sie die Bedeutung und den Ablauf der Sakramente besprechen und gemeinsam beten.

Feiern von Sakramenten: Feiern Sie die Sakramente als besondere Anlässe im Familienleben. Die Taufe, Erstkommunion, Firmung und Ehe sind Meilensteine, die das Glaubensleben bereichern.

Gemeindeleben

Sakramentale Dienste: Engagieren Sie sich in Ihrer Gemeinde, indem Sie an sakramentalen Feiern teilnehmen und andere unterstützen, die Sakramente zu empfangen.

Fortbildung: Nehmen Sie an Kursen und Exerzitien teil, die das Verständnis und die Wertschätzung der Sakramente vertiefen.

6.3 Glauben in der modernen Welt

Technologie und Glaube

Nutzung von Technologie

In der heutigen digitalen Ära bietet Technologie zahlreiche Möglichkeiten, den Glauben zu vertiefen und spirituelle Praktiken in den Alltag zu integrieren. Von verschiedenen Apps über Online-Gemeinschaften bis hin zu digitalen Ressourcen gibt es viele Werkzeuge, die Gläubigen helfen können, ihre spirituelle Reise zu unterstützen.

Apps

Gebets-Apps: Es gibt zahlreiche Apps, die tägliche Gebete, Bibelverse und Andachten anbieten. Beispiele sind die Apps „Laudate" und „Bible App", die eine Vielzahl von Gebeten und spirituellen Texten bieten.

Meditations-Apps: Apps wie „Abide" bieten christliche Meditationen und geführte Gebete, die helfen können, den Geist zu beruhigen und sich auf Gott zu konzentrieren.

Radio Maria: Radio Maria bietet ein umfangreiches Programm, das digital und online verfügbar ist. Täglich werden Gottesdienste, Gebetskreise und spirituelle Talks übertragen. Besonders hervorzuheben ist das tägliche Rosenkranzgebet, bei dem Hörer aktiv teilnehmen können.

Online-Gemeinschaften

Soziale Medien: Plattformen wie Facebook, Instagram und X bieten Gemeinschaften, in denen Gläubige sich austauschen, Gebetsanliegen teilen und spirituelle Unterstützung finden können. Gruppen wie „Christians on Facebook" oder „Communio Online" sind Beispiele für solche Gemeinschaften.

Webseiten und Foren: Websites wie „Christianity.com" oder „katholisch.de" bieten Foren und Diskussionsgruppen, in denen Gläubige Fragen stellen, Diskussionen führen und ihre spirituelle Reise teilen können.

Digitale Ressourcen

Online-Bibeln: Webseiten wie „bibel-online.net"
bieten Online-Bibeln in verschiedenen Übersetzun-
gen und Sprachen, die es Gläubigen ermöglichen,
die Heilige Schrift jederzeit und überall zu lesen.

E-Books und Podcasts: Viele Verlage bieten religiöse E-Books an, und es gibt eine Vielzahl von Podcasts, die sich mit spirituellen Themen beschäfti-
gen. Diese Ressourcen können auf dem Weg zur Arbeit oder während der Freizeit gehört werden, um
den Glauben zu stärken.

Streaming von Gottesdiensten: Viele Gemeinden
bieten ihre Gottesdienste und Veranstaltungen online zum Streaming an. Dies ist eine wunderbare
Möglichkeit, Einblicke in diese Zeremonien zu gewinnen und aus der Ferne daran teilzunehmen.

Vorsicht und Achtsamkeit

Während Technologie viele Vorteile bietet, ist es
wichtig, einen bewussten und achtsamen Umgang
damit zu pflegen, um Ablenkungen zu vermeiden
und den Fokus auf den Glauben zu behalten.

Ablenkungen minimieren

Bewusste Nutzung: Setzen Sie klare Grenzen für die Nutzung von Technologie. Nutzen Sie Apps und digitale Ressourcen gezielt für Ihre spirituellen Bedürfnisse und vermeiden Sie unnötige Ablenkungen.

Bildschirmzeit reduzieren: Begrenzen Sie die Zeit, die Sie mit nicht-spirituellen Aktivitäten verbringen, um mehr Raum für Gebet, Meditation und Reflexion zu schaffen.

Fokus auf den Glauben

Tägliche Rituale: Integrieren Sie regelmäßige Zeiten für Gebet und Meditation in Ihren Tagesablauf, um sicherzustellen, dass Ihr Glaube im Mittelpunkt steht. Nutzen Sie Technologie, um diese Rituale zu unterstützen, aber lassen Sie sich nicht von ihr dominieren.

Achtsamkeitspraxis: Praktizieren Sie Achtsamkeit, um im gegenwärtigen Moment zu bleiben und eine tiefere Verbindung zu Gott zu finden. Nutzen Sie Meditations-Apps oder geführte Gebete, um Ihre Achtsamkeit zu fördern.

Gemeinschaft pflegen

Online- und Offline-Gemeinschaften: Nutzen Sie digitale Plattformen, um mit anderen Gläubigen in Kontakt zu bleiben, aber vergessen Sie nicht die Bedeutung von persönlichen Begegnungen und Gemeinschaften vor Ort. Besuchen Sie regelmäßig Gottesdienste und Gemeindeveranstaltungen, um eine ausgewogene spirituelle Praxis zu pflegen. Es ist wichtig zu betonen, dass Streamingangebote die reale Präsenz bei spirituellen Handlungen nicht ersetzen können. Eine Ausnahme bilden lediglich Online-Gebetskreise, insbesondere mit aktiver Hörerbeteiligung. Ansonsten ist die physische Teilnahme einem digitalen Forum immer vorzuziehen.

Interreligiöser Dialog und Toleranz

Bedeutung des Dialogs

Der interreligiöse Dialog ist ein essenzieller Bestandteil des friedlichen und respektvollen Zusammenlebens in einer pluralistischen Gesellschaft. Er fördert das Verständnis und den Respekt zwischen Menschen verschiedener Glaubensrichtungen und trägt zur Vermeidung von Missverständnissen und Vorurteilen bei. Hier sind einige Gründe, warum der Austausch mit anderen Religionen wichtig ist:

Förderung des Verständnisses

Abbau von Vorurteilen: Durch den Dialog lernen wir die Überzeugungen und Praktiken anderer Religionen kennen, was Vorurteile abbaut und ein tieferes Verständnis füreinander fördert.

Erweiterung des Horizonts: Der Austausch mit Menschen anderer Glaubensrichtungen bereichert unser eigenes religiöses Verständnis und kann uns neue Perspektiven auf unseren eigenen Glauben eröffnen.

Friedensförderung

Konfliktvermeidung: Durch den Dialog können potenzielle Konflikte frühzeitig erkannt und durch Verständigung und Kooperation vermieden werden.

Gemeinsame Werte: Viele Religionen teilen grundlegende ethische Prinzipien, wie die Achtung der Menschenwürde, Mitgefühl und Gerechtigkeit. Diese gemeinsamen Werte können als Basis für Zusammenarbeit und friedliches Miteinander dienen. Stärkung der eigenen Glaubenspraxis

Reflexion und Vertiefung: Der interreligiöse Austausch fordert uns heraus, unseren eigenen

Glauben zu reflektieren und zu vertiefen. Er kann uns helfen, unsere Überzeugungen klarer zu formulieren und bewusster zu leben.

Zeugnis des Glaubens: Der Dialog bietet die Gelegenheit, den eigenen Glauben auf respektvolle Weise zu bezeugen und anderen nahe zu bringen.

Praktische Tipps

Um respektvolle und fruchtbare Gespräche mit Menschen anderer Religionen zu führen, sind einige Prinzipien und Ansätze hilfreich:

Respekt und Offenheit

Aktives Zuhören: Zeigen Sie echtes Interesse an den Überzeugungen und Erfahrungen Ihres Gesprächspartners. Hören Sie aktiv zu, ohne sofort zu urteilen oder zu widersprechen.

Respektvoller Umgang: Begegnen Sie Ihrem Gesprächspartner mit Respekt und vermeiden Sie herablassende oder abwertende Kommentare. Respektieren Sie die heiligen Texte, Rituale und Symbole der anderen Religion.

Gemeinsamkeiten betonen

Gemeinsame Werte: Konzentrieren Sie sich auf die ethischen und moralischen Prinzipien, die viele Religionen teilen, wie Mitgefühl, Gerechtigkeit und Frieden. Diese Gemeinsamkeiten können eine Basis für den Dialog bilden.

Gemeinsame Ziele: Suchen Sie nach gemeinsamen Zielen, wie der Förderung von Frieden, sozialer Gerechtigkeit und Umweltschutz, die über religiöse Unterschiede hinausgehen.

Klarheit und Ehrlichkeit

Eigene Überzeugungen klar darlegen: Seien Sie ehrlich und klar in der Darstellung Ihrer eigenen Glaubensüberzeugungen. Vermeiden Sie es, Ihren Glauben zu verwässern oder zu verbergen.

Fragen stellen: Stellen Sie offene und respektvolle Fragen, um mehr über die Überzeugungen und Praktiken Ihres Gesprächspartners zu erfahren. Dies zeigt Ihr Interesse und fördert ein tieferes Verständnis.

Geduld und Lernbereitschaft

Geduld haben: Interreligiöser Dialog erfordert Zeit und Geduld. Seien Sie bereit, langfristige Beziehungen aufzubauen und kontinuierlich zu lernen.
Lernbereitschaft zeigen: Seien Sie offen für neue Einsichten und bereit, Ihre eigenen Vorurteile und Missverständnisse zu hinterfragen und zu korrigieren.

Veranstaltungen und Foren

Interreligiöse Foren: Nehmen Sie an interreligiösen Foren und Veranstaltungen teil, die den Austausch und das Verständnis zwischen verschiedenen Religionen fördern.

Gemeinsame Projekte: Engagieren Sie sich in gemeinsamen Projekten, wie sozialen Initiativen oder Umweltprojekten, die Menschen unterschiedlicher Glaubensrichtungen zusammenbringen.

Umgang mit Ablehnung und Aggression

In einer zunehmend pluralistischen und oft spannungsgeladenen Welt kann es vorkommen, dass Christen auf Ablehnung oder aggressive Reaktionen stoßen. Hier sind einige Strategien, um mit solchen Situationen umzugehen:

Ruhe bewahren

Gelassenheit: Reagieren Sie ruhig und besonnen auf aggressive Verhaltensweisen. Lassen Sie sich nicht provozieren und bleiben Sie höflich und respektvoll.

Verständnis zeigen: Versuchen Sie, die Gründe für die Aggression zu verstehen. Oft basieren solche Reaktionen auf Missverständnissen oder negativen Erfahrungen.

Grenzen setzen

Klare Kommunikation: Setzen Sie klare Grenzen und kommunizieren Sie diese ruhig und deutlich. Lassen Sie Ihren Gesprächspartner wissen, dass respektloses Verhalten nicht akzeptabel ist.

Sicherheit wahren: In extremen Fällen, in denen die Sicherheit gefährdet ist, ziehen Sie sich zurück und suchen Sie Unterstützung von Dritten oder Autoritäten.

Gebet und Unterstützung

Für die Angreifer beten: Beten Sie für diejenigen, die Sie angreifen oder diskriminieren. Bitten Sie Gott um Frieden und Verständnis für beide Seiten. Gemeinschaftliche Unterstützung: Suchen Sie Unterstützung in Ihrer Glaubensgemeinschaft. Teilen Sie Ihre Erfahrungen und bitten Sie um Rat und Gebet.

Langfristige Lösungen

Bildung und Aufklärung: Engagieren Sie sich in Bildungs- und Aufklärungsarbeit, um Missverständnisse und Vorurteile abzubauen.

Dialog fördern: Setzen Sie sich langfristig für den interreligiösen Dialog ein, um ein besseres Verständnis und friedliches Miteinander zu fördern.

6.4 Praktische Anleitungen zur Lebensführung

Zeiteinteilung und Prioritäten

Balance zwischen Glauben und Alltag

Die Integration des Glaubens in den Alltag erfordert eine bewusste und strukturierte Zeiteinteilung.

Hier sind einige Tipps zur Organisation des Tages, um den Glauben nicht zu vernachlässigen:

Tägliche Routinen einführen

Morgengebet und Meditation: Beginnen Sie den Tag mit einem kurzen Gebet oder einer Meditation. Dies kann helfen, den Tag in einem spirituellen Rahmen zu starten und eine Verbindung zu Gott herzustellen.

Mittagsgebet: Nutzen Sie die Mittagszeit für ein kurzes Gebet oder eine Reflexion. Dies kann helfen, den Fokus auf den Glauben zu erneuern und den Tag zu strukturieren.

Abendgebet: Beenden Sie den Tag mit einem Gebet, Dankbarkeit und Reflexion. Dies bietet die Möglichkeit, den Tag Revue passieren zu lassen und Gott für die erlebten Segnungen zu danken.

Zeit für Gottesdienste und Gemeinschaft

Wöchentliche Gottesdienste: Planen Sie feste Zeiten für den Besuch von Gottesdiensten. Dies stärkt die Verbindung zur Gemeinde und vertieft den Glauben.

Gebetskreise und religiöse Veranstaltungen: Nehmen Sie an Gebetskreisen, Bibelstunden oder anderen religiösen Veranstaltungen teil, um die Gemeinschaft mit anderen Gläubigen zu pflegen und den eigenen Glauben zu stärken.

Nutzung von Technologie

Apps und Online-Gemeinschaften: Nutzen Sie religiöse Apps, die Gebetszeiten und Bibelleseplänen anbieten, um Ihren Glauben in den Alltag zu integrieren. Online-Gemeinschaften können ebenfalls eine Unterstützung bieten, um im Glauben verbunden zu bleiben.

Prioritäten setzen

Um sicherzustellen, dass der Glaube im Mittelpunkt des Lebens bleibt, ist es wichtig, klare Prioritäten zu setzen. Hier sind einige Ansätze, um dies zu erreichen:

Glaube als Kernpriorität

Bewusste Entscheidung: Entscheiden Sie sich bewusst dafür, den Glauben als zentrale Priorität in Ihrem Leben zu setzen. Diese Entscheidung sollte sich in Ihren täglichen Handlungen und Entscheidungen widerspiegeln.

Lebensplanung: Integrieren Sie Glaubenspraktiken in Ihre Lebensplanung. Planen Sie Zeiten für Gebet, Gottesdienstbesuche und spirituelle Aktivitäten fest in Ihren Alltag ein.

Integration des Glaubens in alle Lebensbereiche

Familie und Beruf: Integrieren Sie den Glauben in Ihr Familienleben und in Ihren Beruf. Dies kann durch gemeinsame Gebete, ethische Entscheidungen am Arbeitsplatz und durch Vorbildfunktion geschehen.

Freizeit und Hobbys: Nutzen Sie Ihre Freizeit und Hobbys, um den Glauben zu leben und zu vertiefen. Dies kann durch das Lesen religiöser Literatur, Teilnahme an spirituellen Retreats oder ehrenamtliches Engagement in der Gemeinde geschehen.

Kontinuierliche Reflexion und Anpassung

Regelmäßige Überprüfung: Überprüfen Sie regelmäßig Ihre Prioritäten und passen Sie diese bei Bedarf an. Fragen Sie sich, ob Ihr Leben Ihren Glauben widerspiegelt und ob es Bereiche gibt, in denen Sie Ihren Glauben stärker integrieren können.

Spirituelle Führung: Suchen Sie nach spiritueller Führung und Unterstützung durch Mentoren, geistliche Leiter oder in der Gemeinde, um Ihre Prioritäten klar zu setzen und zu leben.

Weiterführende Gedanken
Die Balance zwischen Glauben und Alltag sowie das Setzen von Prioritäten erfordert ständige Aufmerksamkeit und Engagement. Durch bewusste Entscheidungen und die Integration von Glaubenspraktiken in alle Lebensbereiche können Gläubige sicherstellen, dass ihr Glaube stets im Mittelpunkt ihres Lebens steht. Dies führt zu einem erfüllteren und sinnvolleren Leben, das in Harmonie mit den eigenen spirituellen Überzeugungen steht.

Verantwortungsvoller Umgang mit der Schöpfung

Gott erwartet von uns, dass wir mit seiner Schöpfung verantwortungsvoll und bewahrend umgehen. Dieser Umgang ist eine ethische und moralische Verpflichtung, die tief im Glauben verwurzelt ist. Ein bewusster und respektvoller Umgang mit der Umwelt und den Mitgeschöpfen ist Ausdruck unseres Glaubens und unserer Ehrfurcht vor Gottes Werk.

Biblische Grundlagen

Schöpfungsauftrag: In Genesis 2:15 wird der Mensch in den Garten Eden gesetzt, um ihn zu bebauen und zu bewahren. Diese Verantwortung gilt auch heute noch und fordert uns auf, die Natur zu schützen und verantwortungsvoll zu bewirtschaften.

Bewahrung der Schöpfung: Psalm 24:1 erinnert uns daran, dass die Erde und alles, was auf ihr lebt, dem Herrn gehört. Daraus leitet sich die Verpflichtung ab, die Schöpfung nicht zu zerstören oder zu missbrauchen.

Praktische Ansätze

Verantwortungsbewusster Konsum: Achten Sie auf einen maßvollen und bewussten Konsum von Ressourcen. Dies umfasst den achtsamen Umgang mit Lebensmitteln, Kleidung und anderen Gütern des täglichen Bedarfs.

Schutz der Mitgeschöpfe: Behandeln Sie Tiere und Pflanzen mit Respekt und Fürsorge. Dies kann durch die Unterstützung von ausgewogenen Landwirtschaftspraktiken und den Schutz von Lebensräumen geschehen.

Gemeinschaftliches Engagement: Beteiligen Sie sich an Projekten und Initiativen, die sich dem Schutz und der Pflege der Umwelt widmen. Dies kann durch ehrenamtliche Arbeit oder die Unterstützung von Organisationen geschehen, die sich für die Bewahrung der Schöpfung einsetzen.

Ethik im Alltag

Ethisches Handeln im Alltag ist ein zentrales Element des Glaubenslebens. Die Leitlinie „Behandle andere so, wie du von anderen behandelt werden möchtest" (Lukas 6:31) sowie die Gewissheit, dass wir unsere Handlungen vor Gott rechtfertigen müssen, sollte unser tägliches Handeln bestimmen.

Ethische Grundlagen

Goldene Regel: Die goldene Regel fordert uns auf, unsere Mitmenschen mit Respekt, Gerechtigkeit und Liebe zu behandeln. Diese Regel ist universell anwendbar und bildet die Basis für ethisches Verhalten im Alltag.

Göttliche Gebote: Die Zehn Gebote und die Lehren Jesu bieten eine klare Richtschnur für moralisches Handeln. Sie helfen uns, unser Leben in

Übereinstimmung mit den Prinzipien der Nächstenliebe und der Ehrfurcht vor Gott zu gestalten.

Praktische Anwendungen

Arbeitsplatz: Handeln Sie ehrlich und gerecht in Ihren beruflichen Aktivitäten. Seien Sie fair zu Ihren
Kollegen und behandeln Sie sie mit Respekt und
Würde. Vermeiden Sie unehrliche Praktiken und
setzen Sie sich für Gerechtigkeit am Arbeitsplatz
ein.

Gemeinschaft und Familie: Fördern Sie eine Atmosphäre der Liebe und des Respekts in Ihrer Familie
und Gemeinde. Unterstützen Sie Ihre Mitmenschen
in ihren Bedürfnissen und engagieren Sie sich für
soziale Gerechtigkeit.

Konsumverhalten: Kaufen Sie bewusst und achten
Sie darauf, Produkte zu wählen, die ethisch produ-
ziert wurden. Unterstützen Sie Unternehmen, die
faire Arbeitsbedingungen und umweltfreundliche
Praktiken fördern.

Ressourcen für ethisches Handeln

Kirchliche Leitlinien: Nutzen Sie die Lehren und Ressourcen Ihrer Kirche, um Ihr ethisches Handeln zu

unterstützen. Viele Kirchen bieten Programme und Materialien an, die helfen, moralische Entscheidungen zu treffen.

Gemeinschaftliche Unterstützung: Suchen Sie den Rat und die Unterstützung Ihrer Glaubensgemeinschaft, um ethische Herausforderungen zu meistern und gemeinsam für das Gute zu arbeiten.

Schlussfolgerung

Ein verantwortungsvoller und ethisch bewusster Lebensstil ist tief im Glauben verwurzelt. Durch den respektvollen Umgang mit der Schöpfung und ethisches Handeln im Alltag leben wir unsere Verbindung zu Gott und unseren Mitmenschen auf eine Weise, die unserem Glauben entspricht. Diese Prinzipien helfen uns, ein erfülltes und sinnerfülltes Leben zu führen und einen positiven Einfluss auf unsere Umwelt und Gesellschaft zu haben.

6.5 Gemeinschaft und gesellschaftliches Engagement

Aktive Teilnahme in der Gemeinde:

Bedeutung der Gemeinschaft

Die aktive Teilnahme an Gemeindeveranstaltungen ist ein wesentlicher Bestandteil des Glaubenslebens. Gemeinschaft ist nicht nur eine Quelle der Unterstützung und Inspiration, sondern auch ein Ort, an dem der Glaube gelebt und gestärkt wird. Hier sind einige Gründe, warum es wichtig ist, aktiv an Gemeindeveranstaltungen teilzunehmen:

Stärkung des Glaubens

Gemeinsame Anbetung: Die Teilnahme an Gottesdiensten und religiösen Zeremonien bietet die Möglichkeit, gemeinsam mit anderen Gläubigen Gott zu ehren und den Glauben zu feiern. Dies kann das persönliche Glaubensleben vertiefen und stärken.

Lehre und Bildung: Gemeindeveranstaltungen bieten oft Möglichkeiten zur Weiterbildung im Glauben, sei es durch Predigten, Bibelstunden oder religiöse Workshops. Diese Veranstaltungen helfen, das Verständnis und Wissen über den Glauben zu vertiefen.

Unterstützung und Ermutigung

Gemeinschaftliche Unterstützung: In einer Gemeinde finden Gläubige Unterstützung in schwierigen Zeiten. Die Gemeinschaft bietet ein Netzwerk von Menschen, die in Notlagen helfen und ermutigen können.

Ermutigung durch Vorbilder: Die Begegnung mit anderen Gläubigen, die ihren Glauben aktiv leben, kann inspirieren und ermutigen. Diese Vorbilder zeigen, wie der Glaube im Alltag umgesetzt werden kann.

Förderung der Nächstenliebe

Gemeinsames Handeln: Durch die Teilnahme an Gemeindeveranstaltungen können Gläubige gemeinsam Projekte zur Unterstützung Bedürftiger initiieren und durchführen. Dies fördert die Nächstenliebe und das Mitgefühl.

Ehrenamtliches Engagement: Viele Gemeinden bieten Möglichkeiten zum ehrenamtlichen Engagement, sei es durch Mithilfe bei Veranstaltungen, Unterstützung sozialer Projekte oder Pflege von Gemeindeeinrichtungen.

Beispiele für Engagement

Hier sind einige Geschichten und Tipps für die Beteiligung in der Gemeinde:

Mitarbeit in der Kirchenverwaltung

Beispiel: Anna ist Mitglied im Kirchenvorstand ihrer Gemeinde. Sie hilft bei der Organisation von Veranstaltungen, verwaltet Finanzen und unterstützt die Planung von Gottesdiensten. Durch ihre Mitarbeit trägt sie zur Struktur und Funktionsfähigkeit der Gemeinde bei.

Tipp: Informieren Sie sich bei Ihrer Gemeinde über Möglichkeiten, in der Verwaltung oder Organisation mitzuarbeiten. Jede Hilfe wird geschätzt und trägt zum Gemeindeleben bei.

Leitung von Bibelgruppen

Beispiel: Michael leitet eine wöchentliche Bibelgruppe, in der Gläubige gemeinsam die Bibel lesen und diskutieren. Diese Gruppe bietet einen Raum für Austausch und Vertiefung des Glaubens.

Tipp: Wenn Sie ein besonderes Interesse an der Bibel haben, überlegen Sie, eine Bibelgruppe zu leiten oder an einer teilzunehmen. Dies fördert das Gemeinschaftsgefühl und das gemeinsame Lernen.

Soziale Projekte und Initiativen

Beispiel: Die Gemeinde St. Markus organisiert regelmäßig Suppenküchen für Obdachlose. Sarah und Thomas helfen bei der Zubereitung und Ausgabe der Mahlzeiten. Durch ihr Engagement unterstützen sie Bedürftige und fördern die Nächstenliebe.

Tipp: Suchen Sie nach sozialen Projekten in Ihrer Gemeinde, bei denen Sie mitwirken können. Dies kann von der Organisation von Essensausgaben bis hin zu Besuchen in Altenheimen reichen.

Weiterführende Gedanken

Die aktive Teilnahme an Gemeindeveranstaltungen ist ein wichtiger Bestandteil des Glaubenslebens. Sie bietet die Möglichkeit zur gemeinsamen Anbetung, zur Unterstützung und Ermutigung sowie zur Förderung der Nächstenliebe. Durch das Engagement in der Gemeinde können Gläubige ihren Glauben im Alltag leben und stärken.

Soziale Gerechtigkeit und Mission:

Rolle des Glaubens

Der Glaube spielt eine zentrale Rolle bei der Förderung sozialer Gerechtigkeit. Die Prinzipien der Nächstenliebe, der Barmherzigkeit und der Gerechtigkeit, die in vielen religiösen Lehren verankert sind, motivieren Gläubige dazu, sich für eine gerechtere und menschlichere Gesellschaft einzusetzen.

Biblische Grundlagen

Nächstenliebe: Jesus betont in Markus 12:31, dass das zweitgrößte Gebot die Liebe zum Nächsten ist. Diese Nächstenliebe bildet die Basis für das Engagement für soziale Gerechtigkeit.

Barmherzigkeit: In Lukas 6:36 fordert Jesus seine Anhänger auf, barmherzig zu sein, wie auch Gott barmherzig ist. Diese Barmherzigkeit zeigt sich im Einsatz für die Schwachen und Benachteiligten.

Praktische Anwendungen

Hilfe für Bedürftige: Gläubige sind aufgerufen, sich um die Armen, Kranken und Schwachen zu kümmern. Dies kann durch direkte Hilfe, wie

Lebensmittelspenden oder die Unterstützung von Hilfsprojekten, geschehen.

Förderung von Gerechtigkeit: Der Einsatz für soziale Gerechtigkeit umfasst auch das Engagement gegen Ungerechtigkeiten und Diskriminierung. Dies kann durch politische Arbeit, Bildungsprogramme und Aufklärung geschehen.
Gemeinschaftliches Engagement

Gemeindearbeit: Viele Gemeinden organisieren Projekte zur Unterstützung Bedürftiger, sei es durch Suppenküchen, Kleiderspenden oder Bildungsprogramme. Diese Projekte bieten eine Plattform für gemeinschaftliches Engagement.

Mission und Evangelisation: Missionarische Tätigkeiten, die den Glauben verbreiten und gleichzeitig soziale Unterstützung bieten, sind ein weiterer wichtiger Aspekt des gemeindebasierten Engagements.

Praktische Anleitungen

Hier sind einige konkrete Tipps, wie man sich in sozialen Projekten und Missionen engagieren kann:

Finden Sie ein Projekt, das zu Ihnen passt

Interessen und Fähigkeiten: Überlegen Sie, welche Art von Projekt am besten zu Ihren Interessen und Fähigkeiten passt. Ob es sich um die Arbeit mit Obdachlosen, die Unterstützung von bedürftigen Familien oder die Bildungsarbeit handelt, es gibt viele Möglichkeiten, sich zu engagieren.

Gemeinde und Organisationen: Informieren Sie sich über die Projekte, die Ihre Gemeinde oder lokale religiöse Organisationen anbieten. Oft gibt es vielfältige Möglichkeiten zur Mitarbeit.

Setzen Sie sich realistische Ziele

Zeit und Ressourcen: Überlegen Sie, wie viel Zeit und welche Ressourcen Sie für Ihr Engagement aufbringen können. Setzen Sie sich realistische Ziele, um eine nachhaltige und effektive Mitarbeit zu gewährleisten.

Langfristiges Engagement: Soziale Gerechtigkeit und Mission erfordern oft langfristiges Engagement. Überlegen Sie, wie Sie kontinuierlich und nachhaltig zur Verbesserung der Situation beitragen können.

Arbeiten Sie im Team

Gemeinschaftliche Stärke: Soziale Projekte und Missionen sind oft effektiver, wenn sie im Team durchgeführt werden. Arbeiten Sie mit anderen zusammen, um größere Wirkung zu erzielen und sich gegenseitig zu unterstützen.

Netzwerke nutzen: Nutzen Sie bestehende Netzwerke und Partnerschaften, um Ihre Arbeit zu unterstützen und zu erweitern. Dies kann durch Kooperationen mit anderen Gemeinden, Organisationen oder sozialen Einrichtungen geschehen.

Weiterbildung und Schulung

Fachliche Kompetenz: Soziale Gerechtigkeit und Mission erfordern oft spezielle Kenntnisse und Fähigkeiten. Nehmen Sie an Schulungen und Weiterbildungen teil, um Ihre Kompetenz zu erweitern und Ihre Arbeit effektiver zu gestalten.

Spirituelle Stärkung: Neben fachlicher Weiterbildung ist auch die spirituelle Stärkung wichtig. Nutzen Sie geistliche Übungen, Gebet und Reflexion, um Ihre Motivation und Ihren Glauben zu festigen.

Schlussfolgerung

Der Glaube motiviert uns, uns für soziale Gerechtigkeit und Mission einzusetzen. Durch das Engagement in sozialen Projekten und missionarischen Tätigkeiten können wir dazu beitragen, die Welt gerechter und menschlicher zu gestalten. Diese Tätigkeiten stärken nicht nur die Gemeinschaft, sondern auch unseren eigenen Glauben und unsere spirituelle Verbundenheit.

6.6 Fazit des Kapitels

Zusammenfassung der wichtigsten Punkte

Im Verlauf dieses Kapitels haben wir die verschiedenen Aspekte der praktischen Umsetzung des Glaubens im Alltag behandelt. Hier sind die zentralen Erkenntnisse:

Aktive Teilnahme in der Gemeinde

Bedeutung der Gemeinschaft: Wir haben die Wichtigkeit der aktiven Teilnahme an Gemeindeveranstaltungen betont und wie diese zur Stärkung des Glaubens und zur Förderung der Nächstenliebe beitragen.

Beispiele für Engagement: Durch Geschichten und Tipps haben wir gezeigt, wie man sich in der

Gemeinde engagieren kann, sei es durch Verwaltungsarbeit, Leitung von Bibelgruppen oder Teilnahme an sozialen Projekten.

Soziale Gerechtigkeit und Mission

Rolle des Glaubens: Der Glaube motiviert uns, soziale Gerechtigkeit zu fördern und uns für die Schwachen und Benachteiligten einzusetzen.

Praktische Anleitungen: Wir haben praktische Tipps gegeben, wie man sich in sozialen Projekten und Missionen engagieren kann, und die Bedeutung der Gemeinschaftsarbeit hervorgehoben.

Ermutigung zur Anwendung

Zum Abschluss dieses Kapitels möchten wir Sie ermutigen, die Erkenntnisse und Beispiele in Ihrem eigenen Alltag umzusetzen. Hier sind einige praktische Tipps:

Setzen Sie sich realistische Ziele

Beginnen Sie mit kleinen Schritten. Wählen Sie ein oder zwei Bereiche, in denen Sie sich engagieren möchten, und setzen Sie sich erreichbare Ziele.

Nutzen Sie Ihre Stärken und Interessen

Überlegen Sie, welche Ihrer Fähigkeiten und Interessen Sie in den Dienst der Gemeinde und der Gesellschaft stellen können. Ihre individuellen Talente sind wertvoll und können einen großen Unterschied machen.

Suchen Sie die Gemeinschaft

Treten Sie in Kontakt mit anderen Gemeindemitgliedern und suchen Sie nach Möglichkeiten der Zusammenarbeit. Gemeinschaftliche Projekte und gemeinsame spirituelle Praktiken stärken nicht nur den Glauben, sondern auch das Gemeinschaftsgefühl.

Bleiben Sie beständig

Regelmäßigkeit ist der Schlüssel zur Vertiefung des Glaubens. Ob es um Gebet, Meditation, ehrenamtliches Engagement oder Teilnahme an Gottesdiensten geht, die kontinuierliche Praxis wird Ihren Glauben festigen und vertiefen.

Lernen Sie weiter

Nutzen Sie die Bildungsangebote Ihrer Gemeinde und anderer religiöser Institutionen. Fortlaufende Weiterbildung im Glauben hilft Ihnen, Ihr Wissen zu vertiefen und Ihre spirituelle Praxis zu bereichern.

Schlussfolgerung

Die praktische Umsetzung des Glaubens im Alltag ist ein fortwährender Prozess, der Geduld, Engagement und Beständigkeit erfordert. Indem Sie die in diesem Kapitel vorgestellten Prinzipien und Praktiken in Ihr tägliches Leben integrieren, können Sie Ihren Glauben stärken und gleichzeitig einen positiven Beitrag zu Ihrer Gemeinschaft und Gesellschaft leisten.

Kapitel 7: Abschluss und Ausblick

7.1 Rückblick auf die Reise

Zusammenfassung der wichtigsten Punkte

Dieses Buch hat Sie auf eine Reise mitgenommen, um den Glauben an einen personalen Gott als bewusste Entscheidung zu erkunden und zu verstehen. Lassen Sie uns die zentralen Themen und Erkenntnisse aus jedem Kapitel noch einmal zusammenfassen:

Einleitung und Ziel des Buches

Hintergrund und Motivation: Wir begannen mit einer detaillierten Darstellung der gegenwärtigen kulturellen und moralischen Krise in unserer Gesellschaft. Die zunehmende Relativierung von Werten und Normen, der Zerfall von Familienstrukturen und die allgemeine Sinnkrise wurden beleuchtet.

Notwendigkeit eines transzendenten Fixpunkts: Es wurde argumentiert, dass die Rückkehr zu einem bewussten Glauben an einen personalen Gott die zentrale Lösung darstellt, um aus dieser Krise herauszufinden.

Die Möglichkeit eines Auswegs

Der bewusste Willensakt: Wir erklärten, dass der Glaube an Gott eine bewusste, rationale Entscheidung sein kann, gestützt durch philosophische und wissenschaftliche Argumente.

Transzendente Werte und Normen: Die Bedeutung von transzendenten, absoluten Werten und Normen wurde erläutert und wie diese als moralische Leitlinien dienen können.

Praktische Beispiele und Inspirationen

Rückkehrerlebnisse und persönliche Transformationen: Geschichten von Menschen, die durch den Glauben tiefgreifende Veränderungen in ihrem Leben erfahren haben, wurden vorgestellt.

Prinzipien und Praktiken für den Alltag: Konkrete Beispiele und Anleitungen wurden gegeben, wie man den Glauben im täglichen Leben integriert und stärkt.

Praktische Umsetzung des Glaubens im Alltag

Persönliche spirituelle Praktiken: Die Bedeutung von Gebet, Meditation und täglichen Andachten für die Stärkung des persönlichen Glaubens wurde erläutert.

Glaube und Familie: Prinzipien der glaubensbasierten Erziehung, gemeinsamer religiöser Rituale und der Konfliktlösung innerhalb der Familie wurden vorgestellt.

Glaube und Beruf: Anwendung christlicher Prinzipien im Berufsleben, Balance zwischen Beruf und Glauben und das Zeugnisgeben im Berufsalltag wurden behandelt.

Glaube und Gemeinschaft: Die Bedeutung der Teilnahme an Gemeindeveranstaltungen, soziales Engagement und die Unterstützung anderer durch den Glauben wurden diskutiert.

Herausforderungen im Glaubensleben

Zweifel und Krisen: Strategien zur Bewältigung von Glaubenszweifeln und der Umgang mit persönlichen und kollektiven Krisen wurden vorgestellt.

Gesellschaftliche Herausforderungen: Der Umgang mit einem säkularen Umfeld, religiöser Diskriminierung und Verfolgung wurden erörtert.

Weiterführende Themen und praktische Anleitungen

Spirituelle Praktiken: Die Bedeutung von Pilgerreisen, spirituellen Rückzügen, Ritualen und Sakramenten wurden erläutert.

Glauben in der modernen Welt: Die Nutzung von Technologie zur Vertiefung des Glaubens, der interreligiöse Dialog und Toleranz wurden besprochen.

Praktische Anleitungen zur Lebensführung: Tipps zur Zeiteinteilung, Prioritätensetzung, Nachhaltigkeit und Ethik wurden gegeben.

Gemeinschaft und gesellschaftliches Engagement: Die Bedeutung der aktiven Teilnahme in der Gemeinde und des Engagements für soziale Gerechtigkeit und Mission wurden hervorgehoben.

Betonung der wichtigsten Botschaften

Die zentrale Botschaft dieses Buches ist, dass der Glaube an einen personalen Gott eine bewusste, rationale und transformative Entscheidung ist, die sowohl das individuelle Leben als auch die Gemeinschaft positiv beeinflussen kann. Transzendente Werte und Normen bieten eine stabile Grundlage für moralisches Handeln und können Orientierung in einer oft chaotischen und relativistischen Welt bieten. Die aktive Umsetzung des Glaubens im Alltag, in der Familie, im Beruf und in der Gemeinschaft ist essenziell, um den Glauben zu stärken und zu leben.

Indem wir uns bewusst für den Glauben an Gott entscheiden und diesen aktiv in unser Leben integrieren, können wir nicht nur persönliche Krisen bewältigen, sondern auch einen positiven Beitrag zur Gesellschaft leisten und eine tiefere, erfülltere Existenz erfahren.

7.2 Persönliche Reflexion und Anwendung

Ermutigung zur Reflexion

Am Ende dieser Reise möchten wir Sie ermutigen, sich Zeit für persönliche Reflexion zu nehmen. Der Weg des bewussten Glaubens ist eine kontinuierliche Reise, die sowohl Herausforderungen als auch tiefgreifende Veränderungen mit sich bringen kann. Reflektieren Sie über Ihre persönliche Reise und die Veränderungen, die Sie seit dem Beginn dieses Buches erfahren haben.

Fragen zur Selbstreflexion

Welche neuen Einsichten haben Sie über den Glauben gewonnen? Überlegen Sie, welche neuen Perspektiven und Erkenntnisse Sie durch die Lektüre dieses Buches gewonnen haben.

Wie hat sich Ihr Verständnis von Gott und dem Glauben verändert? Denken Sie darüber nach, ob und wie sich Ihr Bild von Gott und Ihre Glaubensüberzeugungen weiterentwickelt haben.

Und für den Fall, dass Sie sich bereits zum Glauben an Gott entscheiden haben:

Welche praktischen Veränderungen haben Sie in Ihrem Leben vorgenommen? Reflektieren Sie darüber, welche konkreten Schritte Sie unternommen haben, um den Glauben in Ihrem Alltag zu integrieren.

Welche Herausforderungen haben Sie erlebt und wie haben Sie diese gemeistert? Überlegen Sie, welche Schwierigkeiten auf Ihrem Weg aufgetreten sind und wie Sie diese überwunden haben.

Wie haben sich Ihre Beziehungen verändert? Denken Sie darüber nach, wie sich Ihre Beziehungen zu Familie, Freunden und Ihrer Gemeinschaft durch Ihren bewussten Glauben verändert haben.

Anwendung im Alltag

Um die im Buch behandelten Prinzipien und Praktiken dauerhaft in Ihren Alltag zu integrieren, möchten wir Ihnen einige konkrete Tipps und Anleitungen geben:

Tägliche spirituelle Praxis

Gebet und Meditation: Finden Sie eine feste Zeit
und einen ruhigen Ort für Ihr tägliches Gebet und
Ihre Meditation. Dies könnte morgens nach dem
Aufstehen, während einer Mittagspause oder
abends vor dem Schlafengehen sein.

Andachten und Bibellesen: Integrieren Sie tägliche
Andachten und Bibellesen in Ihren Tagesablauf.
Nutzen Sie hierfür auch Apps oder Online-Ressour-
cen, um Ihre spirituelle Praxis zu unterstützen.

Verbindlichkeit und Regelmäßigkeit

Routinen etablieren: Schaffen Sie feste Routinen für
Ihre spirituellen Praktiken. Dies hilft Ihnen, diese
Praktiken dauerhaft in Ihren Alltag zu integrieren.

Selbstdisziplin: Üben Sie Selbstdisziplin, um Ihre spirituellen Routinen auch in hektischen oder schwierigen Zeiten beizubehalten.

Gemeinschaft und Unterstützung

Aktive Teilnahme: Engagieren Sie sich aktiv in Ihrer Gemeinde. Besuchen Sie regelmäßig Gottesdienste und Gemeindeveranstaltungen, um Ihre spirituelle Praxis zu vertiefen und Unterstützung zu finden.

Austausch mit Gleichgesinnten: Suchen Sie den Austausch mit anderen Gläubigen, um Ihre Erfahrungen zu teilen und sich gegenseitig zu unterstützen.

Bildung und Weiterbildung

Religiöse Bildung: Nutzen Sie Angebote zur religiösen Weiterbildung, sei es durch Bücher, Kurse oder Online-Ressourcen. Eine tiefere Kenntnis der Glaubensinhalte stärkt Ihre Überzeugungen und hilft Ihnen, diese besser in den Alltag zu integrieren.

Reflexion und Lernen: Nehmen Sie sich regelmäßig Zeit zur Reflexion und zum Lernen. Überlegen Sie, welche neuen Aspekte des Glaubens Sie entdecken möchten und wie Sie diese in Ihr Leben integrieren können.

Ethisches Handeln

Ethische Entscheidungen: Treffen Sie bewusst ethische Entscheidungen im Alltag. Überlegen Sie bei jedem Handeln, ob es mit Ihren Glaubensprinzipien übereinstimmt.

Soziale Verantwortung: Engagieren Sie sich in sozialen Projekten und Missionen, um Ihren Glauben durch praktisches Handeln zu leben und einen positiven Beitrag zur Gesellschaft zu leisten.

Schlussfolgerung

Der bewusste Glaube ist eine lebenslange Reise, die sowohl persönliche als auch spirituelle Transformationen mit sich bringt. Durch regelmäßige Reflexion und die konsequente Anwendung der im Buch vorgestellten Prinzipien und Praktiken können Sie Ihren Glauben vertiefen und ein erfüllteres Leben führen. Lassen Sie sich ermutigen, diesen Weg weiterzugehen und die Veränderungen, die der bewusste Glaube in Ihrem Leben bewirkt, zu genießen.

7.3 Ausblick und Inspiration

Zukünftige Herausforderungen

Vorbereitung auf zukünftige Herausforderungen: Der Weg des bewussten Glaubens ist eine fortwährende Reise, die mit Herausforderungen und Prüfungen verbunden sein kann. Es ist wichtig, sich darauf vorzubereiten und zu wissen, dass der Glaube eine starke Stütze sein kann, um diese Herausforderungen zu meistern. Zukünftige Herausforderungen können in verschiedenen Formen auftreten, sei es persönliche Krisen, gesellschaftliche Veränderungen oder weltweite Ereignisse.

Vertrauen aufbauen

Vertrauen Sie auf Gottes Führung und Präsenz in Ihrem Leben. Glauben Sie daran, dass er Ihnen die Kraft gibt, jede Herausforderung zu bewältigen.

Nehmen Sie sich regelmäßig Zeit für Gebet und Meditation, um Ihre Verbindung zu Gott zu stärken und sich innerlich auf kommende Herausforderungen vorzubereiten.

Gemeinschaft und Unterstützung

Bauen Sie ein starkes Netzwerk von gläubigen Freunden und Gemeindemitgliedern auf, die Ihnen in schwierigen Zeiten Unterstützung bieten können.

Nutzen Sie die Ressourcen Ihrer Gemeinde, wie Bibelgruppen, Beratungsdienste und soziale Projekte, um sich gegenseitig zu stärken und zu ermutigen.

Kontinuierliches Lernen

Setzen Sie Ihre religiöse Bildung und das Studium der Heiligen Schrift fort, um ein tiefes Verständnis und eine starke Grundlage für Ihren Glauben zu entwickeln.

Bleiben Sie offen für neue Erkenntnisse und Erfahrungen, die Ihren Glauben bereichern und vertiefen können.

Ermutigung, den Glauben weiterhin zu vertiefen und aktiv zu leben

Der bewusste Glaube ist nicht nur ein Rückzug in schwierigen Zeiten, sondern auch eine aktive, tägliche Praxis. Es ist wichtig, den Glauben kontinuierlich zu vertiefen und in allen Lebensbereichen zu integrieren.

Aktive Teilnahme

Nehmen Sie regelmäßig an Gottesdiensten und Gemeindeveranstaltungen teil, um Ihren Glauben zu stärken und in der Gemeinschaft zu leben.

Engagieren Sie sich in sozialen Projekten und Missionen, um Ihren Glauben durch praktische Taten zu leben.

Reflexion und Wachstum

Nutzen Sie Zeiten der Reflexion, um über Ihre Reise zu Gott nachzudenken und Bereiche zu identifizieren, in denen Sie wachsen können.

Setzen Sie sich Ziele für Ihre persönliche und spirituelle Entwicklung und arbeiten Sie kontinuierlich daran, diese zu erreichen.

Inspirierende Geschichten und Zitate

Zum Abschluss möchten wir einige inspirierende Geschichten und Zitate teilen, die Mut machen und

Sie motivieren, den Weg des Glaubens weiterzugehen.

- Corrie ten Boom war eine niederländische Christin, die während des Zweiten Weltkriegs vielen Juden zur Flucht vor den Nazis verhalf. Trotz ihrer Gefangennahme und der grausamen Bedingungen im Konzentrationslager Ravensbrück hielt sie an ihrem Glauben fest und verbreitete Hoffnung und Liebe unter den Mitgefangenen. Nach dem Krieg setzte sie sich für Versöhnung und Heilung ein.

Zitat von Mutter Teresa: "Nicht alle von uns können große Dinge tun. Aber wir können kleine Dinge mit großer Liebe tun." Dieses Zitat erinnert uns daran, dass jede kleine Tat der Liebe und des Glaubens einen großen Unterschied machen kann.

- Dietrich Bonhoeffer, ein deutscher Theologe und Widerstandskämpfer, blieb seinem Glauben treu und kämpfte gegen die nationalsozialistische Unterdrückung. Sein Mut und seine Entschlossenheit sind ein starkes Zeugnis dafür, wie der Glaube in den dunkelsten Zeiten Halt und Inspiration geben kann.

Zitat von Papst Johannes Paul II.: "Habt keine Angst! Öffnet, ja reißt die Tore weit auf für Christus!"

Dieses Zitat ermutigt uns, unseren Glauben mutig zu leben und Christus in unser Leben einzulassen, unabhängig von den Herausforderungen, denen wir gegenüberstehen.

Schlussfolgerung

Diese inspirierenden Geschichten und Zitate sollen Sie ermutigen und motivieren, den Weg des Glaubens weiterzugehen. Jede Herausforderung, der Sie begegnen, ist eine Gelegenheit, Ihren Glauben zu vertiefen und zu zeigen, wie stark und erfüllend ein Leben im Glauben sein kann.

7.4 Schlusswort

Liebe Leserinnen und Leser, mit diesem letzten Kapitel möchten wir uns herzlich bei Ihnen bedanken. Ihr Engagement, dieses Buch zu lesen und sich mit den darin enthaltenen Ideen auseinanderzusetzen, ist ein wertvoller Schritt auf Ihrer persönlichen Glaubensreise. Wir hoffen, dass die hier vorgestellten Gedanken, Geschichten und Anleitungen Ihnen neue Perspektiven eröffnet und Sie auf Ihrem Weg unterstützt haben.

Unser besonderer Dank gilt all jenen, die zur Entstehung dieses Buches beigetragen haben. Danke an die vielen Menschen, die ihre inspirierenden Geschichten und Erfahrungen mit uns geteilt haben. Ihr Mut und Ihre Bereitschaft, offen über Ihre Glaubensreise zu sprechen, haben dieses Buch erst möglich gemacht. Ein großer Dank geht an Alle, die uns in diesem Projekt unterstützt und ermutigt haben.

Zum Abschluss dieses Buches möchten wir Ihnen einen letzten ermutigenden Gedanken mit auf den Weg geben:

Der bewusste Glaube ist eine Quelle unerschöpflicher Kraft und tiefer Freude. In einer Welt, die oft von Unsicherheit und Wandel geprägt ist, bietet der Glaube an Gott einen festen Anker und eine Quelle des Friedens. Lassen Sie sich ermutigen, diesen Glauben jeden Tag aufs Neue zu leben und zu vertiefen. Seien Sie offen für die Wunder, die Gott in Ihrem Leben wirken kann, und bleiben Sie standhaft in Ihrer Verbindung zu ihm.

Möge Gott Sie segnen und begleiten auf all Ihren Wegen. Möge Ihr Glaube stets wachsen und Sie in allen Lebenslagen stärken und führen. Wir wünschen Ihnen von Herzen alles Gute auf Ihrer Glaubensreise.

Anhang

Die Geschichte von Rosalind Wright Picard

Rosalind Wright Picard hat etwa seit den frühen 2000er Jahren öffentlich über ihren Übertritt zum Christentum berichtet. Ihre erste bedeutende Erwähnung ihrer religiösen Reise findet sich in einem Interview, das 2010 veröffentlicht wurde. Seitdem hat sie ihre Geschichte in verschiedenen Foren und Interviews geteilt, darunter auch in einem Blogbeitrag von 2019 und einem ausführlichen Interview im Jahr 2021.

In ihren Erzählungen beschreibt sie, wie sie durch Begegnungen mit gebildeten Christen und das Lesen der Bibel allmählich von einer Atheistin zu einer gläubigen Christin wurde. Besonders der Einfluss der Weisheit, die sie in der Bibel fand, und die positiven Veränderungen in ihrem Leben nach der Annahme des Glaubens spielten eine große Rolle in ihrem Übertritt.

Picard betont, dass ihr Glaube einen großen Einfluss auf ihr Leben und ihre Arbeit hatte, ohne jedoch ihre wissenschaftliche Integrität zu beeinträchtigen. Sie hebt hervor, dass Wissenschaft und Glaube koexistieren können und dass es viele Wege

gibt, Wissen zu erlangen, die über die rein wissenschaftliche Methode hinausgehen

Rosalind Wright Picard ist eine bemerkenswerte
Elektroingenieurin und Professorin am MIT. Ursprünglich eine Atheistin, beschreibt sie ihren Wandel zum Glauben als einen mehrstufigen Prozess,
der sowohl durch ihre wissenschaftliche Karriere
als auch durch persönliche Reflexionen geprägt
wurde.

Wissenschaft und Glaube

Picard betont, dass viele Wissenschaftler zu oft an-
nehmen, dass nichts existiert, was nicht gemessen
werden kann. Sie kritisiert diese Haltung des "Sci-
entismus" und argumentiert, dass es viele Wege
gibt, Wissen zu erlangen, die über die wissenschaftliche Methode hinausgehen. Dazu zählen historische Beweise, persönliche Erfahrungen und die
Weisheit, die in religiösen Texten wie der Bibel enthalten ist.

Sie stellt klar, dass sie die Wissenschaft schätzt und
in ihrer Arbeit strikt wissenschaftliche Methoden
anwendet. Dennoch erkennt sie, dass die Wissenschaft nicht alle Wahrheiten erfassen kann. Die Suche nach Wahrheit, die ihr zufolge der Kern der

Wissenschaft ist, erfordert auch einen Glauben daran, dass es eine Wahrheit gibt, die entdeckt werden kann.

Ihre Reise zum Christentum

Picard schildert, dass sie früher Religionen und insbesondere das Christentum als eine Krücke für Menschen ansah, die die Wissenschaft nicht verstehen. Doch durch Begegnungen mit klugen und gebildeten Gläubigen und das Lesen der Bibel änderte sich ihre Perspektive. Sie begann, das Christentum und andere Religionen tiefer zu erforschen, besuchte verschiedene religiöse Stätten und stellte fest, dass viele ihrer Vorurteile unbegründet waren.

Besonders beeinflusst wurde sie durch die historischen und intellektuellen Aspekte des Christentums. Schrittweise wandelte sie sich von einer Atheistin über eine Agnostikerin zu einer Theistin und schließlich zu einer gläubigen Christin. Dieser Wandel war nicht einfach, doch durch das Praktizieren ihres Glaubens erlebte sie bedeutende positive Veränderungen in ihrem Leben.

Persönliche Auswirkungen

Picard beschreibt, wie der Glaube an Jesus Christus ihr Leben tiefgreifend verbesserte, ihr Frieden, Freude und Weisheit schenkte. Sie betont, dass das Christentum ein Geschenk für alle Menschen ist, unabhängig von deren Hintergrund oder Religion. Dieses Geschenk hat ihr Leben nicht nur spirituell bereichert, sondern auch ihre wissenschaftliche Arbeit inspiriert, da sie nun noch mehr Ehrfurcht vor dem hat, was die Wissenschaft enthüllen kann.

Abschließend betont sie, dass die Beziehung zu Gott, ähnlich wie menschliche Beziehungen, durch Vertrauen und Handeln wächst. Nur durch das aktive Leben des Glaubens könne man die tiefere Realität und Wahrheit erfahren.

Die Wende der Ayaan Hirsi Ali: Ein Plädoyer für den Glauben

Ayaan Hirsi Ali, eine prominente ehemalige Atheistin und Verfechterin der Aufklärung, hat einen bemerkenswerten Wandel vollzogen. Ursprünglich bekannt für ihre scharfe Kritik am Islam und ihren unerschütterlichen Glauben an die Vernunft und die säkularen Werte der Aufklärung, bekennt sich Hirsi Ali heute zum Christentum und den christlichen Werten. In ihrem jüngsten Interview spricht sie über die tiefgreifenden Herausforderungen, denen die westliche Zivilisation gegenübersteht, und betont die Notwendigkeit einer Rückbesinnung auf die christlichen Wurzeln und den Glauben an Gott.

In ihrem Interview hebt Hirsi Ali drei Hauptbedrohungen hervor, die die westliche Zivilisation von innen heraus zerstören:

Vergessen der eigenen Wurzeln: Hirsi Ali beschreibt, wie die westliche Gesellschaft ihre historischen und kulturellen Wurzeln vernachlässigt und dadurch eine kollektive Amnesie entwickelt hat. Dieses Vergessen führt zu einer Identitätskrise und macht die Gesellschaft anfällig für ideologische Angriffe von außen und innen.

Romantische Verklärung und schlechte Ideen: Sie kritisiert die romantische Verklärung vergangener Epochen und die Verbreitung destruktiver Ideen wie des Neomarxismus und der Identitätspolitik. Diese Ideen unterminieren die Grundfesten der westlichen Zivilisation und fördern eine Kultur der Opfermentalität und der Spaltung.

Bildung und kritisches Denken: Hirsi Ali betont, dass moderne Bildungssysteme oft ideologische Dogmen verbreiten, anstatt kritisches Denken und Reflexion zu fördern. Dies hat weitreichende Folgen für die Fähigkeit der Gesellschaft, mit den Herausforderungen der Gegenwart umzugehen.

Ein Aufruf zur Rückbesinnung auf den Glauben

Hirsi Ali argumentiert leidenschaftlich, dass der Glaube an Gott und die Rückbesinnung auf die christlichen Werte essentiell sind, um diese Herausforderungen zu meistern. Sie beschreibt, wie der Glaube nicht nur spirituelle Erfüllung bringt, sondern auch eine Quelle der Stärke und des Mutes ist. In Zeiten der Krise sind es die tief verwurzelten Überzeugungen und der Mut, die notwendig sind, um standhaft zu bleiben.

In Übereinstimmung mit den Inhalten dieses Buches betont Hirsi Ali die Bedeutung eines bewussten Glaubensaktes. Der Glaube an Gott ist nicht nur eine persönliche Entscheidung, sondern auch ein Akt des Widerstands gegen die Kräfte, die versuchen, die westliche Zivilisation zu zerstören. Sie ruft dazu auf, den Glauben aktiv zu leben, die christlichen Werte zu verteidigen und sich der kulturellen Amnesie entgegenzustellen.

Eine Bestätigung unserer Botschaft

Die Aussagen von Ayaan Hirsi Ali bestätigen und verstärken die zentralen Botschaften dieses Buches. Wie wir im Verlauf der Kapitel dargelegt haben, ist der bewusste Entschluss zum Glauben an Gott ein Weg, um dem Sinnverlust und der Orientierungslosigkeit der modernen Gesellschaft entgegenzuwirken. Hirsi Ali's beeindruckender Gesinnungswandel und ihre klaren Worte bieten eine kraftvolle Schlussbetrachtung und motivieren die Leser, die im Buch behandelten Prinzipien und Praktiken in ihrem eigenen Leben anzuwenden.

Möge dieses Nachwort als inspirierender Paukenschlag dienen, der die Leser ermutigt, ihren eigenen Glauben zu vertiefen und aktiv zu leben. Lassen Sie uns gemeinsam die Werte und Überzeugungen verteidigen, die unsere Zivilisation stark gemacht haben, und durch den bewussten Glauben an Gott eine neue Grundlage für eine erfüllte und sinnvolle Zukunft schaffen.

Vom gleichen Autor:

Lothar-Rüdiger Lütge

Die Verehrung der Heiligen Jungfrau Maria

Ein Leitfaden zum Verständnis der Gottesmutter, für reformierte Christen und Andersgläubige.

Dieses Buch entschlüsselt das Phänomen Maria für Nicht-Katholiken und Nicht-Orthodoxe. Entdecken Sie die Einzigartigkeit Marias, ihre himmlische Rolle und die tiefe Spiritualität ihrer Verehrung. Eine unverzichtbare Lektüre für alle, die die Faszination der traditionellen Marien-Verehrung verstehen wollen.

BoD-Verlag / ISBN: 9 783757 830052

Lothar-Rüdiger Lütge

Die Architektur des Glaubens: Weltbilder und ihre Auswirkungen

Die Rolle des Theismus und des Christentums in einer fragmentierten Welt.

Dieses Buch bietet einen erhellenden Blick auf die Kraft von Weltbildern. Entdecken Sie, wie Materialismus, Spiritualismus und Theismus unsere Wahrnehmung der Realität prägen und welche Konsequenzen das für unser Leben hat. Erfahren Sie, warum gerade der Theismus und das Christentum als stabilisierende Kräfte in einer chaotischen Welt dienen können.

BoD-Verlag / ISBN: 9 783757 890032